中國殉難烈士慰靈之碑

監修者――五味文彦／佐藤信／高埜利彦／宮地正人／吉田伸之

［カバー表写真］
「私たちも飛行機を！　第５回　航空日」
（昭和19年ごろのポスター）

［カバー裏写真］
真珠湾攻撃
（昭和16年12月８日）

［扉写真］
花岡事件を悼む慰霊碑
（秋田県大館市）

日本史リブレット99

労働力動員と強制連行

Nishinarita Yutaka
西成田 豊

目次

総力戦としてのアジア太平洋戦争

一九三七(昭和十二)年七月、盧溝橋《ろこうきょう》事件▲をきっかけに日中《にっちゅう》戦争が始まった。日中戦争が拡大するにつれて、日本とアメリカ・イギリスとの対立は深まり、一九四一(昭和十六)年十二月、日本の真珠湾《しんじゅわん》攻撃を契機として太平洋戦争が始まった。この日中戦争と太平洋戦争の関連性を重視する立場から、現在では、この戦争はアジア太平洋戦争(あるいはアジア・太平洋戦争)と呼ばれている。またこの戦争を、第二次世界大戦のうちアジア・太平洋地域での日本と連合国との戦争ととらえるのが一般的である。

アジア太平洋戦争は、日本にとってはじめての総力戦であった(ヨーロッパ諸国では第一次世界大戦ですでに経験している)。総力戦とは、国家の総力(軍事力・

▼**盧溝橋事件**　一九三七(昭和十二)年七月七日、北京《ペキン》郊外の盧溝橋で起きた日中両軍の衝突事件。七月十一日に停戦協定が結ばれたが、同日近衛文麿《このえふみまろ》内閣は五個師団の派兵を決定し、事件は日中全面戦争に発展した。

経済力・精神力）をあげた戦争のことである。すなわち、国家が軍事力増強のために、軍需《ぐんじゅ》生産拡大を中心に経済活動を統制する一方、国民の精神動員・思想統制を実施した戦争、これが総力戦である。

アジア太平洋戦争に関する研究はこれまで、政治史・軍事史・戦史の研究はもちろん、経済・社会についても戦時統制経済や戦時農村社会史などの研究が蓄積されてきた。しかし、戦時経済の一環としての労働力動員や朝鮮人・中国人強制連行に関する研究は、ほとんど存在しなかった。アジア太平洋戦争が総力戦である以上、軍需産業や重要産業を担った労働者がどのように動員され、調達されたかを考えることは、不可欠の課題だろう。

ただ、朝鮮人・中国人強制連行については、これまで多くのルポルタージュ・エッセイや証言記録が発表されてきた。それらは、強制連行事件の実態を明らかにするうえで、貴重な貢献をなしてきた。しかし、これまでの諸文献では、朝鮮人・中国人強制連行それぞれの全体の構造、両者の相互関連や異同、そして戦時労働力動員政策との関係などは、ほとんど明らかにされてこなかった。

以上述べたような研究史の状況を踏まえて、本書は、総力戦体制のもとでの戦時日本経済を労働（労働力動員と強制連行）の側面から、説き明かすことを目的とする。

①—労働力動員

労務動員計画の作成

第二次世界大戦が勃発(一九三九〈昭和十四〉年九月)する直前の三九年七月、政府は毎年度、労働力の計画的な需給(需要と供給)をはかるために労務動員計画を作成することになった。労務動員計画(一九四二〈昭和十七〉年度以降は国民動員計画)は、他の物資動員計画・生産力拡充計画などとともに国家総動員計画(三八〈昭和十三〉年四月国家総動員法公布)の一部をなすものであり、厚生省において労働力の需給数が決定された。そこで以下、政府は戦争を遂行するために、どのような人びとを動員したかを、動員先の産業にもふれつつ、述べることにしよう。

小学校(国民学校)・中等学校新卒者

労務動員計画の作成にあたり、まっ先に重視されたのは、小学校(一九四一〈昭和十六〉年度以降は国民学校と名称を変更される)の新卒者である。一九三九(昭

▼**物資動員計画**　日中戦争開始後の重要物資の需給計画。「モノの予算」とも呼ばれた。一九三八(昭和十三)年一月に最初の閣議決定がなされた。一九四〇(昭和十五)年度までは輸入力を基準に、四一(同十六)年度は海上輸送力を基準に、四三(同十八)年度からは航空機産業を基準に、計画が立てられた。

▼**生産力拡充計画**　総力戦を遂行するための軍需産業を確立する計画。一九三五(昭和十)年に石原《いしはら》莞爾《かんじ》陸軍参謀のもとで素案が作成され、三七(同十二)年に陸軍省・商工省に引き継がれた。四一(昭和十六)年度までに鉄鋼・石炭・軽金属・非鉄金属・液体燃料・化学・パルプ・金・工作機械・輸送機械・羊毛・電力などの生産能力を一・五倍から一〇倍に増大させることがめざされた。

和十四)年九月、厚生省職業部長から各地方長官(現在の道府県知事)宛に、「小学校卒業者の職業紹介に関する通牒《つうちょう》」がだされた。その通牒のなかで厚生省は、労務動員計画の実施にともない、小学校卒業者の就職統制が必要になるとし、小学校卒業者を職業紹介所をとおして陸・海軍の諸工場や民間の軍需《ぐんじゅ》工場などに就職させるように求めている。これ以降、小学校(国民学校)の新卒者は、毎年度の労務動員計画(国民動員計画)において、つねに重要な動員の対象となった。

一方、中等学校新卒者は当初、労働力動員の対象とはならなかった。それは、中等学校卒業者の上級学校への進学をうながすことによって、技術者など高いレベルの人材を確保することが目的とされたからであった。しかし、戦争の進展とともに労働力動員の供給源がしだいに縮小するなかで、中等学校卒業者を上級学校を迂回《うかい》しない即戦力ある労働力として確保する必要性が高まった。

すなわち、一九四三(昭和十八)年、厚生省が作成した「昭和十八年度新規中等学校卒業者配置方針」(以下「配置方針」と記す)によって、中等学校卒業者の動員が急増した。ただし、この「配置方針」のなかで厚生省は、航空機産業への配置

▼厚生省　日中戦争が深刻化するなか、一九三八(昭和十三)年、国民体力の向上、国民生活の安定などを緊急課題として、内務省(二七ページ参照)から分離する形で新設された。

▼国民学校　一九四一(昭和十六)年の国民学校令により、小学校にかわり四一年度から実施された初等教育機関。初等科六年と高等科二年からなる。教科の学習を皇国臣民《こうこくしんみん》(天皇制下の国民)としての実践や行動に結びつけることを、目的とした。敗戦後の一九四七(昭和二十二)年三月に廃止された。

●──国民学校

●――中等学校・国民学校卒業者の産業別就職者数(1943年3月)

産業別	中等学校卒業者			国民学校卒業者		
	男	女	計	男	女	計
	人	人	人 %	人	人	%
陸軍作業庁	3,933	2,888	6,821(5.4)	46,246	9,084	55,330(14.6)
海軍作業庁	5,175	3,930	9,105(7.2)			
国作業庁	5,293	2,436	7,729(6.1)	19,525	12,533	32,058(8.4)
一般官庁	8,133	4,826	*12,979(10.3)	—	—	—
金属工業	3,640	3,762	*6,402(5.1)	21,209	4,669	25,878(6.8)
機械器具工業	20,422	15,136	35,558(28.1)	142,048	45,760	187,808(49.4)
化学工業	2,801	2,161	4,962(3.9)	9,184	8,235	17,419(4.6)
紡織工業	889	1,747	2,636(2.1)	1,922	29,946	31,868(8.4)
その他の工業	2,516	2,064	4,580(3.6)	5,340	4,757	10,097(2.7)
運輸通信業	5,625	3,132	8,757(6.9)	3,024	3,998	7,022(1.8)
土木建築業	1,036	225	1,261(1.0)	467	115	582(0.2)
鉱　山	1,456	862	2,318(1.8)	4,951	1,809	6,760(1.8)
農林水産業	1,356	151	1,507(1.2)	379	358	737(0.2)
その他	8,635	13,228	21,863(17.3)	3,281	1,068	4,349(1.1)
合　計	70,910	55,568	126,478(100.0)	257,576	122,332	379,908(100.0)

(出典)　西成田豊『近代日本労働史』による。
(注)　＊合計が一致しないがそのままとした。陸・海軍作業庁とは，陸・海軍の諸工場，国作業庁とは陸・海軍以外の政府の直轄工場をさす。

●――国家総動員法(『官報』)

第一条　本法ニ於《おい》テ国家総動員トハ戦時(戦争ニ準ズベキ事変ノ場合ヲ含ム以下之ニ同ジ)ニ際シ国防目的達成ノ為《ため》、国ノ全力ヲ最モ有効ニ発揮セシムル様、人的及物的資源ヲ統制運用スルヲ謂《い》フ
第四条　政府ハ戦時ニ際シ国家総動員上必要アルトキハ、勅令《ちょくれい》ノ定ムル所ニ依《よ》リ、帝国臣民ヲ徴用シテ総動員業務ニ従事セシムルコトヲ得《う》、但《ただ》シ兵役法ノ適用ヲ妨《さまた》ゲズ
第八条　政府ハ戦時ニ際シ国家総動員上必要アルトキハ、勅令ノ定ムル所ニ依リ、総動員物資ノ生産、修理、配給、譲渡《じょうと》其ノ他ノ処分、使用、消費、所持及移動ニ関シ必要ナル命令ヲ為《な》スコトヲ得
第二十条　政府ハ戦時ニ際シ国家総動員上必要アルトキハ、勅令ノ定ムル所ニ依リ、新聞紙其ノ他ノ出版物ノ掲載ニ付《つき》制限又ハ禁止ヲ為スコトヲ得。……

に最重点をおくこと、戦争遂行にとって必要としない紡織工業へは配置しないこと、男子は事務職員としては一切配置しないことなどを指示している。

以上、小学校(国民学校)・中等学校新卒者の動員政策について述べてきた。それでは、これらの新卒者たちはどのような産業に動員されたのだろうか。これまで述べてきたことから、ある程度推測できると思うけれども、詳しくみると前ページ表のとおりである。

みられるとおり、国民学校卒業者も中等学校卒業者も、航空機・同関連産業を含む機械器具工業への「就職者」数の比率がもっとも高く、陸軍・海軍作業庁▲(陸・海軍の諸工場)への「就職者」数の比率がそれに続く。ただし、これらの軍需産業(機械器具工業、陸軍・海軍作業庁)への「就職者」数の比率は、国民学校卒業者で高く(六四%)、中等学校卒業者では比較的低い(四一%)。また、紡織工業への配置規制政策から、紡織工業への「就職者」数の比率が低いことも注目されよう。

▼**陸軍・海軍作業庁**　陸軍の兵器製造工場である東京砲兵工廠《ほうへいこうしょう》と大阪砲兵工廠は、一九二三(大正十二)年の陸軍造兵廠令により、両工廠と名古屋・小倉《こくら》・平壌《へいじょう》などの兵器製造所などをあわせて陸軍造兵廠となった。陸軍造兵廠はさらに一九四〇(昭和十五)年、陸軍兵器本部に改組された。また海軍では、軍器(艦艇・海軍用兵器)を製造・修理する工場の海軍工廠(横須賀《よこすか》・呉《くれ》・佐世保《させぼ》・舞鶴《まいづる》の四工廠など)が存在した。こうした陸軍兵器本部と海軍工廠が陸軍・海軍作業庁と呼ばれた。

学校在学者

以上のような小学校(国民学校)・中等学校卒業者ばかりでなく、学校在学者も動員の対象となった。

学校在学者の動員のきっかけとなったのは、一九四一(昭和十六)年の一月に制定・公布された「国民勤労報国《ほうこく》協力令」である。この法令は、一般の国民を国家総動員業務に協力させるために勤労報国隊を結成させ、重要で急を要する産業へ動員することが目的であった。しかし、この法令は、「協力期間」を一年をとおして三〇日以内と定めており、勤労報国隊は、いったん結成されると、その後ずっと存続するという恒常的な組織ではなかった。すなわち、この法令は国民の自発性に基づき、協力の申請があった場合、厚生大臣・道府県知事から市町村長、学校長、各種団体・組合の長などに対し、勤労報国隊の結成を命ずることとした。

勤労報国隊は、青少年団体や婦人団体、同業者組合などでも結成されたが、なんといっても一番多かったのは学校在学者であった。学徒勤労報国隊の延べ人数と、勤労報国隊の延べ総人数に占めるその比率は、七二万人・六〇%(一

九四一年度)、一六八六万九〇〇〇人・四三%(四二〈昭和十七〉年度)、二七三七万一〇〇〇人・五四%(四三〈同十八〉年度)であった。

こうした学徒勤労報国隊を中心とする勤労報国隊の動員先は、一九四一年度は軍需産業がもっとも多く、四二年度以降も軍需産業への動員は続く。しかし、一九四二・四三年度になると、勤労報国隊の多数は農業に振り向けられた。実際、農業に動員された勤労報国隊の延べ総人数と、勤労報国隊の延べ総人数に占めるその比率は、五万三〇〇〇人・四%(一九四一年度)、二四七八万人・六三%(四二年度)、三五七五万九〇〇〇人・七〇%(四三年度)と急増している。これは、一九四一年十二月の日米開戦によって戦争が一挙に拡大し、戦争を遂行するための食糧増産が緊急に求められたからであった。

一九四三(昭和十八)年六月、「学徒戦時動員体制確立要綱」が閣議決定された。この要綱は冒頭の方針のなかで、「大東亜戦争の現段階に対応するために、学徒の戦時動員体制を確立し、有事にすぐに対応できる態勢をとり、忠義のまごころをもって学徒の総力を戦力増強に結集させる」と述べている。この要綱によって、学校在学者の動員は、さきに述べたような、自発性に基づく臨時的な部隊の結成ではなく、国民動員計画の一環として強制的に行われることになった。

一九四四(昭和十九)年にはいると、学校在学者を動員する態勢はいっそう強化された。同年二月、「決戦非常措置要綱」が閣議で決定され、「学徒動員体制の徹底」の項目のまっ先に、「原則として、中等学校程度以上の学生・生徒はすべて今後一年間、常時、勤労その他の重要な任務に出動できるような態勢におき、随時《ずいじ》活発な動員を行う」ことが指示された。ここでは、中等学校以上の学徒の動員が指示されている。しかし実際には、国民学校高等科の低学年の生徒も動員の対象になった。

同年八月には、以上のような学徒動員に法的な強制力をあたえるための「学徒勤労令」が公布された。この法令によって、学徒の勤労は、教職員と学徒によって構成された「学校報国隊」によること、隊長は校長とし、隊長である校長は「学校報国隊」隊員である学徒の就労についてその指揮・監督を行うことなどが定められた。また、政府がだした通牒は、同一の「学校報国隊」の隊員は、集団として同一の作業場で作業すること、女子学徒は男子従業員・男子学徒にまじって作業をしないこと、女子学徒の作業については、学校への持出し作業をも考慮することなどを指示している。

政府の通牒による学校への持出し作業は、学校の軍需工場化をはかるものであった。そして実は、この学校の軍需工場化の方針は、一九四四年にはいり学徒動員の一つの方策として重視されるようになったものである。同年二月、厚生省がだした「国民勤労体制の刷新に関する件」は、女子・学徒の勤労動員の強化策の一つとして、「女子・学徒については、工場で生産に従事させるほか、工場が学校に設備を整え、材料を供給し、その学校施設で生産に従事させる方法を早急に採用すべきである」と指示している。

ただし、上に述べたことからも明らかなように、ひとくちに学校の軍需工場化といっても、とくに女子学校の軍需工場化が重視されていた。若干の具体的な例をあげれば、

東京高等女学院(就業生徒数二一八人、作業内容―航空機開発動機部品の修理)、洗足《せんぞく》高等女学校(四九二人、導線加工)、駒沢《こまざわ》高等女学校(四〇〇人、薬品の包装・箱詰)、東京家政《かせい》学院(四五〇人、特殊電気機器の仕上・組立)、恵泉《けいせん》女学

園（三〇〇人、軍服の仕上・加工）

以上のとおりである。

農民・農村民

労務動員計画が実施された当初の一九三九（昭和十四）年度・四〇（同十五）年度は、農民や農村民は労働力動員の重要な対象とされた。じじつ、両年度における農民・農村民の動員数は、総数の二二％（三九年度）、一二％（四〇年度）におよんでいる。しかし、一九四一（昭和十六）年度以降になると、農民・農村民からの動員はほとんど行われなくなった。日米開戦が予想されるなど、食糧増産が強く求められたからであった。それは、前に述べたように、一九四二（昭和十七）年度以降、勤労報国隊の多くが農業に投入されたことと、密接に関連している。

中小商工業者

農民・農村民にかわり、労働力動員の対象として重要視されるようになったのは、中小商工業者であった。この点について政府当局者は、第七九帝国議会（一九四一〈昭和十六〉年十二月～四二〈同十七〉年三月）で、「労働力の供給については、これまで農民がその対象となってきたが、現在では食糧増産のために農民を確保しなければならず、その結果、中小商工業者が新しい労働力の供給源となった」と述べている。

中小商工業者を労働力動員の対象とするためには、その職業の転換をはからなければならなかった。そのためにまずとられた措置は、一九四一（昭和十六）年一月、職業紹介所▲を国民職業指導所へと改正したことである。これは単なる名称の変更ではなく、国民職業指導所は、職業紹介所のそれまでの仕事のほかに、職業の転換を勧めたり、指導することをつかさどることになった。

政府はさらに一九四二（昭和十七）年三月、「中小商工業者の整理統合ならびに職業転換に関する件」を閣議決定した。この閣議決定でまず最初に整理されるべき業種とされたものは、以下のとおりであった。

（イ）商工省関係――石炭商、石油商、自転車商、金物商、貴金属・時計商、陶磁器商、ガラス商、呉服商、洋服商、洋品雑貨商、（ロ）農林省関係――

▼**職業紹介所**　一九二一（大正十）年四月の職業紹介法の公布によって、市町村営の無料の職業紹介所が設置され、それまでの営利目的の職業紹介事業が排除された。一九三八（昭和十三）年、同法は全面的に改定され、職業紹介所は国営となった。

米穀商、木材商、木炭商、農機具商、農薬商、味噌醤油商、菓子商、（ハ）大蔵省関係――酒商、（ニ）内務省関係――麻雀《マージャン》倶楽部《クラブ》、カフェバー、周旋《しゅうせん》屋

中小商工業者に対するこうした整理や職業転換策によって生み出された労働者の転職先は、軍需産業がもっとも多く、生産力拡充・同付帯産業▲がそれに続いた。じじつ、一九四二（昭和十七）年一月から四三（昭和十八）年一月にかけての中小商工業者の転職者一九万三〇〇〇人の転職先は、軍需産業一五万一〇〇〇人（転職者総数の五二％）、生産力拡充・同付帯産業四万九〇〇〇人（同一七％）であり、この二つの産業で転職者の七割を占めた。

一九四三（昭和十八）年一月、政府は「生産増強勤労緊急対策要綱」（以下「対策要綱」と記す）を閣議決定した。この「対策要綱」のなかで政府は、「国民勤労の重点的配置の強化徹底」として多くのことを指示している。そのうちの一つは、中小商工業者の職業転換をいっそう促進することであった。中小商工業者に対する職業転換策のこの時期の特徴は、それが企業整備と結びついていたことにある。

▼生産力拡充・同付帯産業　労働力動員政策によって動員先として重視された「労務動員産業」のうちの一つ。具体的には、鉱業（石炭鉱業・金属鉱業）、金属工業（製鉄業など）、機械器具工業（「労務動員産業」中、軍需工業に分類されないもの）などである。

同年六月政府は、「対策要綱」をうけて「戦力増強企業整備基本要綱」を閣議決定し、企業整備に本格的に乗りだした。すなわち同要綱は、軍需産業やそのほかの重要な産業へ転用できる工場はできるだけこれを転用し、そのほかの重要でない産業の工場は廃業することとし、また小売業者の職業転換も強化するとした。その後同月、あらたな法令が公布され、企業整備のために事業を廃止した工場の労働者に対し、厚生大臣の指定する工場（軍需工場など）に「就職」することを命ずることができることになった。

同年十一月現在の企業整備状況をみると、企業整備の対象は紡織工業・金属工業・化学工業・食料品工業などにおよんでいるが、なんといっても一番多いのは紡織工業であった。同年十一月現在、企業整備によって廃業し、職業転換を余儀なくされた労働者は、紡織工業で一〇万九〇〇〇人、職業転換者全体（一一万一〇〇〇人）の九八％を占めた。また、今後見込まれる職業転換者も紡織工業で四七万七〇〇〇人、転換見込数全体の九〇％を占めた。

こうした企業整備によって職業を転換した労働者の転換先は、航空機産業を中心とする軍需産業であった。さきの職業転換者総数一一万一〇〇〇人についてその転換先をみると、航空機産業が五万六〇〇〇人(総数の五〇%)でもっとも多く、ついで銃・弾・兵器類製造業の一万人(同九%)であった。

女性

労働力としての女性の動員は、早くから進められた。一九三九(昭和十四)年十月、厚生省職業部長・労働局長より各地方長官宛に、「労務動員計画実施に伴う女子労務者の就職に関する件」という通牒がだされた。この通牒はまず、女学校や女子青年団▲などと連絡をとりあって職業紹介所が女性労働者の供給源を「開拓」するよう要請した。そしてこの通牒は「開拓」した女性労働者を重工業部門へ動員することとし、この部門で女性が就労する際の基準として、(1)単純で簡単な労働、(2)手指を中心とした軽い筋肉労働、(3)半熟練ないし非熟練労働の三点を定めた。

このように重工業部門における女性労働に一定の基準を設けたのは、女性労働の「保護」を無視することができなかったからである。すなわち、この通牒では、女性の就労に関してはその体力などを考慮し、その肉体や精神に「悪影

▼青年団　明治以降、地域を単位にして形成された青年集団組織。一九四一(昭和十六)年、各種の青年団は大日本青少年団に統合され、政府の統制下にはいった。

響」をあたえないよう指示されている。こうした女性労働の「保護」は〝将来の母性〟に対する保護に基づくものであった。この点はあとに述べることと関連している。

一九四三(昭和十八)年にはいると、女性の動員はいっそう強化された。前に述べた女子学校の軍需工場化や、女性労働者が多数を占める紡織工業の廃業と、その女性労働者の職業転換なども、女性の動員強化策の一つであった。

しかしこの時期、女性の動員をいっそう押し進めたのは、同年九月の次官会議決定「女子勤労動員の促進に関する件」(以下「促進に関する件」と記す)であった。この「促進に関する件」はまず、女性によって優先的に充足されるべき産業として、航空機関係工場と政府作業庁(政府・軍直轄の工場)などをあげている。一方、動員の対象となる女性については、(1)新規の学校卒業者、(2)一四歳以上の未婚者、(3)廃校してもよい「各種学校」の在学者、(4)企業整備によって転職することが可能な者があげられている。

女性動員の基準として未婚者に限ったことは、ほかの女性動員政策にも貫かれており、戦時期、既婚女性をも動員の対象としたアメリカやイギリスとは明らかに異なっていた。

「促進に関する件」はさらに、女性動員のあり方として、あらたに女子勤労挺《てい》身《しん》隊《たい》の結成を指示している。また、女子勤労挺身隊への動員の方法としては、家庭にあって仕事についていない女性に対しては、市町村長・町内会・部落会・隣組《となりぐみ》▲・婦人会などの協力により、また学校卒業者に対しては学校長の指導により動員するものとされた。

こうした動員を強化するために、「促進に関する件」決定後、各都道府県に「女子勤労動員協議会」が設けられた。この協議会は、各都道府県知事を会長に、警察部長・内政部長を副会長とし、関係各課長・市長・女子中等学校長、それに大政翼賛会《たいせいよくさんかい》▲・道府県産業報国会▲・大日本婦人会・大日本青少年団の代表者を委員とするかなり大がかりな組織であった。この協議会では、「女子勤労動員の徹底強化に関する事項」「女子勤労挺身隊結成の指導に関する事項」「女子勤労挺身隊の派遣先、事業場の選定に関する事項」などが協議され、決定された。また、そのなかで、「隊員であって結婚する者はすみやかに離隊させる」としている点は、「促進に関する件」が動員の対象として、一四歳以上の未婚者とした

▼隣組　アジア太平洋戦争期に国民を総動員するためにつくられた最末端の組織。一九四〇(昭和十五)年九月の内務省訓令によって、全国に約一二〇万の団体が組織された。一団体は一〇戸ほどで構成され、定例集会が開かれた。回覧板をまわし、兵士の送迎や国債募集・金属回収の割当て、防空訓練などを担った。

▼大政翼賛会　一九四〇(昭和十五)年十月十二日、「高度国防国家」を担う中核的な組織として、第二次近衛《このえ》文麿《ふみまろ》内閣のもとで結成された。一九四一(昭和十六)年四月の改組で近衛側近グループが退陣すると、内務省が中央・地方の組織的指導権を握り、上位下達の行政補助機関、国民動員組織としての性格をしだいに強めるようになった。

ことと関連している。

一九四四(昭和十九)年にはいると、女子勤労挺身隊を重視する方針は、いっそう強まる。同年一月の閣議決定「緊急国民勤労動員方策要綱」は、その方針の強化を示したものである。ただし同要綱では、「我国の家族制度と女子の特性と民族力の強化を考慮しつつ、女子の勤労動員を促進拡大するものとする」とされている。ここでは、家族制度、民族力の強化を支える女性の特性、すなわち〝母性〟の「保護」を前提に女性の動員の拡大を進めることが記されている。さきに述べたような、女性の動員を未婚者に限ったことは、こうした日本的な家族制度の維持や民族優生学に基づく日本民族観と深く結びついていたのである。

以上のことを前提として同年三月、「女子勤労挺身隊制度強化方策要綱」が閣議決定され、女子勤労挺身隊への強制加入を含めた制度の強化がはかられた。また、同年八月には「女子挺身勤労令」が公布され、女子勤労挺身隊への参加が法律によって強制されることになった。

さてそれでは、女子勤労挺身隊の結成状況を具体的にみることにしよう。次ページ表は、隊員数二〇〇〇人以上の道府県を取り上げ、学校別・地区別隊員

▼道府県産業報国会　一九三八(昭和十三)年、労資一体・産業報国(産業をとおして国家に報ずるの意味)をスローガンに掲げた産業報国運動が起こった。一九四〇(昭和十五)年にはいると主要な労働組合はすべて解散させられ、同年十一月には大日本産業報国会が設立された。それ以降、産業報国会は、中央本部―道府県産業報国会―支部産業報国会(警察署ごと)―単位産業報国会(事業場ごと)というピラミッド型の構成をとることになった。

●──女子勤労挺身隊の道府県別結成状況(1944年1月末現在)

道　府　県	学校別挺身隊	地区別挺身隊	合　　計
	人　　%	人　　%	人　　%
北海道	1,770(27.3)	4,717(72.7)	6,487(100.0)
青　森	2,939(62.1)	1,797(37.9)	4,736(100.0)
宮　城	2,100(58.3)	1,500(41.7)	3,600(100.0)
秋　田	2,132(100.0)	—(0.0)	2,132(100.0)
山　形	1,402(61.6)	873(38.4)	2,275(100.0)
栃　木	425(18.9)	1,828(81.1)	2,253(100.0)
埼　玉	725(28.1)	1,854(71.9)	2,579(100.0)
神奈川	305(2.4)	12,658(97.6)	12,963(100.0)
石　川	1,523(52.9)	1,355(47.1)	2,878(100.0)
岐　阜	972(22.3)	3,390(77.7)	4,362(100.0)
静　岡	350(12.9)	2,365(87.1)	2,715(100.0)
愛　知	2,642(36.4)	4,613(63.6)	7,255(100.0)
大　阪	2,939(23.9)	9,369(76.1)	12,308(100.0)
兵　庫	1,089(25.7)	3,153(74.3)	4,242(100.0)
鳥　取	1,031(35.9)	1,844(64.1)	2,875(100.0)
岡　山	6,450(29.7)	15,276(70.3)	21,726(100.0)
香　川	1,552(48.4)	1,653(51.6)	3,205(100.0)
愛　媛	1,395(48.7)	1,469(51.3)	2,864(100.0)
その他共全国計	43,503(32.3)	91,264(67.7)	134,767(100.0)

(出典)　西成田豊『近代日本労働史』による。
(注)　隊員2,000人以上の道府県を摘記した。

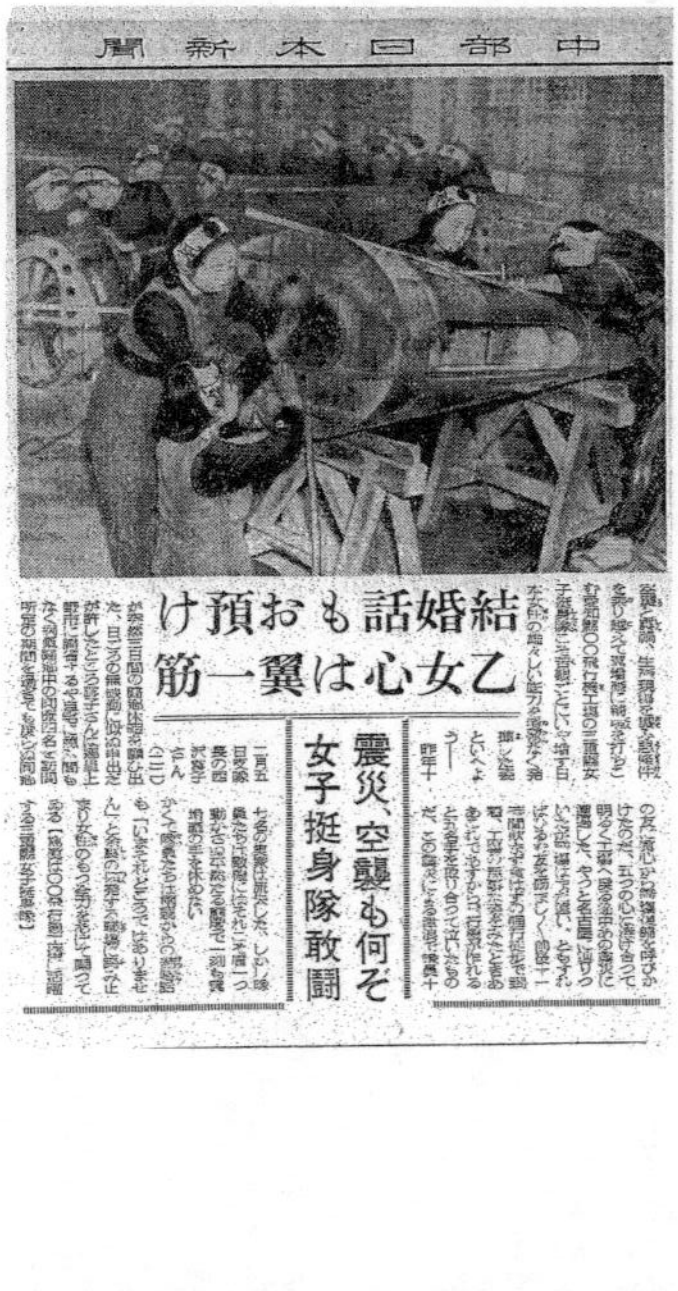

●──女子挺身隊を報じる新聞記事(『中部日本新聞』一九四五年一月二十一日付)

数をみたものである。まず、隊員数の合計をみると、岡山県が群をぬいてもっとも多いが、その理由は明らかでない。しかし、全体としていえることは、軍需工場の多い神奈川県・大阪府・愛知県で隊員数が多い。

同表でいま一つ注目されるのは、東北地方の諸県では学校別隊員数の比率が高く、関東以西の府県では地区別隊員数の比率が高いことである。東北地方では、学校長の名望家としての地位が高かったこと、関西以西では都市の発達によって重工業労働市場(この点の実態については本書では省略している)が成長していたことなどが、その理由として考えられる。

以上のようにして結成された女子勤労挺身隊の動員先は、航空機産業や陸・海軍の直轄工場、機械器具工業などであった。実際、一九四四(昭和十九)年二月現在、女子勤労挺身隊の動員総数は七万一〇〇〇人で、その動員先は航空機および同部品工業二万人(総数の二八%)、機械器具工業一万七〇〇〇人(総数の二四%)、陸・海軍の直轄工場一万五〇〇〇人(総数の二一%)であり、この三部門で動員総数の七三%を占めている。

供給源別動員数

以上、労務動員計画(国民動員計画)によって、どのような人びとが動員されたかをみてきた。最後に、②章・③章で述べる強制連行された朝鮮人(「移入朝鮮人労務者」)・中国人(「華人《かじん》労務者」)を含めて、供給源別動員数を、第一期(一九三九〈昭和十四〉・四〇〈同十五〉年、戦争初期)、第二期(四一〈同十六〉・四二〈同十七〉年、戦争中期)、第三期(四三〈同十八〉・四四〈同十九〉年、戦争末期)に分けて、みることにしよう。

第一期の動員総数は一六七万九〇〇〇人である。その内訳は、小学校新規卒業者一一〇万六〇〇〇人(総数の四五%)、中等学校新規卒業者四万二〇〇〇人(同二%)、学校在学者ゼロ、農民・農村民四五万八〇〇〇人(同一七%)、中小商工業者三一万九〇〇〇人(同一二%)、女性一五万五〇〇〇人(同六%)、「移入朝鮮人労務者」一七万三〇〇〇人(同六%)、その他三二万六〇〇〇人(同一二%)である。

第二期の動員総数は四一八万人。その内訳は、国民学校新規卒業者一一九万四〇〇〇人(総数の二九%)、中等学校新規卒業者一八万四〇〇〇人(同四%)、学校在学者ゼロ、農民・農村民九万八〇〇〇人（同二%）、中小商工業者二〇七万五〇〇〇人（同五〇%）、女性二一万四〇〇〇人（同五%）、「移入朝鮮人労務者」二〇万一〇〇〇人（同五%）、その他二一万四〇〇〇人（同五%）である。

第三期の動員総数は六九三万八〇〇〇人。その内訳は、国民学校新規卒業者一五六万七〇〇〇人（総数の二三%）、中等学校新規卒業者四四万九〇〇〇人（同六%）、学校在学者二一〇万六〇〇〇人（同三〇%）、農民・農村民一二万一〇〇〇人（同二%）、中小商工業者一〇二万一〇〇〇人（同一五%）、女性四四万人（同六%）、「移入朝鮮人労務者」四一万人（同六%）、「華人労務者」三万人（同〇・四%）、その他七九万四〇〇〇人（同一一%）である。

三つの時期に分けた場合の供給源別動員数は、以上のとおりである。労働力動員の総数は、戦争の進展とともに増加し、第三期の総数は第一期の総数の二・六倍に達している。三つの時期をとおして一貫して有力な供給源となったのは、小学校（国民学校）新規卒業者（総数の四五%→二九%→二三%）と、中小商工業者（同一二%→五〇%→一五%）であった。中等学校新規卒業者の比率はしだいに増加し、第三期には六%に達している。また、女性は、三つの時期をとおして総数の五〜六%と、比率こそ小さいものの、安定した供給源となっている。

また、農民・農村民は、第一期は重要な供給源となっていたが、第二期以降は、ほとんど無視できる程度の比率となっている。これに対して、第一期・第二期にはまったく計画されていなかった学校在学者の動員は(それまで労務動員計画外の学徒勤労報国隊としての動員はあったが)、第三期にはいって始まり、その比率も動員総数の三〇%と高い比率を占めている。

以上のほか、強制連行された朝鮮人(「移入朝鮮人労務者」)が、三つの時期をとおして一貫して動員総数の六%ほどを占めている。これは、女性の動員比率に等しい。また、第三期の後半(一九四四年)には、強制連行された中国人(「華人労務者」)も、動員の対象となっている。こうした植民地朝鮮の民衆や外国(中国)の民衆までが、労務(国民)動員計画のなかに位置づけられていることのなかに、同計画の帝国主義的性格が示されている。

そこでつぎに、章を改め、②章では朝鮮人強制連行、③章では中国人強制連行を取り上げ、その概要を述べることにしよう。

②—朝鮮人強制連行

朝鮮人強制連行政策の成立

前章で述べたように、一九三九(昭和十四)年七月、政府は労務動員計画を作成した。そして、その労務動員計画の一環として石炭・鉱山・土木建築などの重要な産業部門への朝鮮人の強制連行を決定した。同月、厚生次官・内務次官の連名をもって道府県知事宛に、「朝鮮人労務者内地移入に関する件」が発せられた。一方、朝鮮総督府《そうとくふ》▲は、「朝鮮人労務者募集並びに渡航取扱要綱」を制定し、同年九月、朝鮮の道《どう》(日本の県にあたる)知事宛にこれを発した。こうして、ここにいわゆる朝鮮人強制連行が始まったのである。

強制連行の手続きは、まず各企業が朝鮮人「移入」(強制連行をさす。以下、同じ)数を道府県知事宛に申請し、これを厚生省が査定、そのうえで朝鮮総督府が「募集」すべき道を割り当て、道の決定をへたうえで企業の「募集員」が朝鮮に渡り、指定された道で面《めん》(日本の村にあたる)の日本人警察官などと一体となって「募集」するというものであった。

▼**朝鮮総督府** 一九一〇(明治四十三)年八月の韓国併合と同時に、朝鮮におかれた植民地統治機関。同年十月の朝鮮総督府官制の施行によって、総督とその補佐役である政務総監のもとに、総督官房と五部、警務総監部、鉄道局、裁判所などの所属官署が整えられた。

咸鏡北道
清津
咸鏡南道
平安北道
新義州
咸興
平安南道
平壌
元山
黄海道
江原道
38°
開城
京畿道
京城
仁川
水原
忠清北道
忠清南道
慶尚北道
大邱
群山
全羅北道
慶尚南道
馬山
釜山
全羅南道
木浦
麗水
済州島

●——解放前の朝鮮半島略図

この手続きの過程で見落とすことができないのは、多くの道に「出稼者の訓練、保護」を名目とした組織があり、企業には「募集」に際して、その組織への「寄付金」の納付が強制されていたことである。たとえば慶尚北道《けいしょうほくどう》《キョンサンプクド》には、道知事を会長とし、道内務部長・道警察部長を副会長とする「慶尚北道開拓労務協会」という組織があり、また、慶尚南道《けいしょうなんどう》《キョンサンナムド》には「慶尚南道内鮮協会」という組織があった。これらの組織は、供出人員一人につき二円(当時の日本の重工労働者のほぼ一日分の賃金にあたる)の「寄付金」を納付することを、「募集」企業(「募集員」)に義務づけていた。

官斡旋による強制連行政策

一九四一(昭和十六)年十一月、企画院《きかくいん》▲を中心として内務省《ないむしょう》▲警保局・厚生省職業局・朝鮮総督府の代表が集まり、「昭和十六年度労務動員実施計画に依る朝鮮人労務者の内地移入要領」と「朝鮮人労務者内地移入手続」を決定した。続いて翌一九四二(昭和十七)年二月には、「朝鮮人労務者活用に関する方策」が閣議決定され、朝鮮総督府も同月、「朝鮮人内地移入斡旋要綱」を制定した。

▼**企画院**　アジア太平洋戦争期に国家総動員法案や生産力拡充計画・物資動員計画などを作成し、戦時統制経済を推進した内閣直属の機関。日中戦争勃発後の一九三七(昭和十二)年十月に発足。一貫して陸軍の影響力が強かった。

▼**内務省**　一八七三(明治六)年十一月に設置された政府の中心的な行政機関。地方行政・警察行政をはじめ、土木・衛生・宗教・出版などの行政を担当した。一九二〇(大正九)年に社会局を設置。一九二二(同十一)年にこれを内務省の外局とし、社会労働行政も担当するようになった。また、一九二〇年代半ば以降、特別高等警察(特高《とっこう》)を拡充し、社会運動・労働運動に対する取締り・規制を強化した。

こうした一連の政策は、朝鮮人強制連行の新しい段階、すなわち官斡旋による強制連行政策の推進を決定づけたものであった。

官斡旋政策のおもな内容は、次の二点にある。一つは、「募集」事業を担う主体を「朝鮮労務協会」としたことである。同協会は一九四一年六月に設立されたもので、朝鮮総督府内に本部を、各道庁内に支部を、各府、郡、島内に分会をおき、朝鮮内の労働力供給源の開拓や、労働者の斡旋、「募集」協力をおもな業務とした。いま一つは、朝鮮人「募集」の申込みの手続きを簡略化し、企業主は朝鮮総督府に対して「朝鮮人労務者斡旋申請書」を直接提出できるようにしたことである。

以上のような初期の強制連行政策から官斡旋による強制連行政策への転換は、次のような二つの事情によるものであった。一つは、「移入」許可申請書を提出したあと、朝鮮の道当局が「募集」許可を決定するまでに相当の期間(長いときは六カ月)を要したため、手続きの簡略化が求められていたことである。もう一つは、朝鮮人労働者の「募集」をめぐって、企業主(「募集員」)のあいだで激しい競争が展開され、さまざまな弊害が生じていたことである。

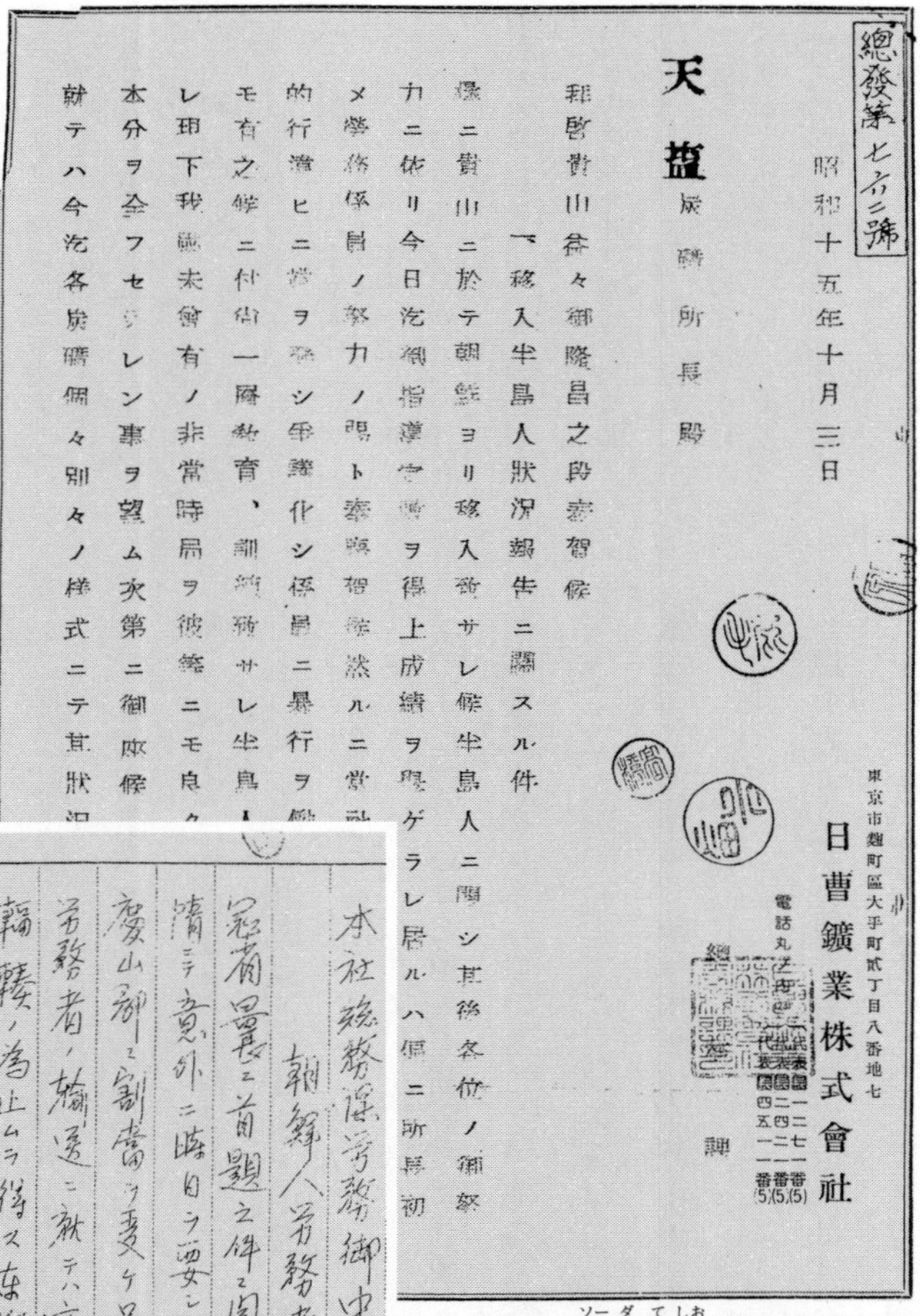
總發第七六二號
昭和十五年十月三日
東京市麴町區大手町貳丁目八番地七
日曹鑛業株式會社
天塩炭礦所長殿
拜啓貴山益々御隆昌之段奉賀候
一、移入半島人狀況報告ニ關スル件
標記ニ貴山ニ於テ朝鮮ヨリ移入致サレ候半島人ニ關シ其後各位ノ御努
力ニ依リ今日迄御指導宜敷ヲ得上成績ヲ擧ゲラレ居ルハ偏ニ所長初
メ勞務係員ノ努力ノ賜ト奉深謝候然ルニ當社
的行漁ヒニ嘗ヲ發シ集團化シ係員ニ暴行ヲ
モ有之候ニ付尚一層教育、訓練致サレ半島人
レ現下我國未曾有ノ非常時局ヲ彼等ニモ良
本分ヲ全フセシメレン事ヲ望ム次第ニ御座候
就テハ今迄各炭礦個々別々ノ樣式ニテ其狀況

●──日本曹達《ソーダ》天塩《てしお》鉱山所史料「移入半島人状況報告ニ関スル件」（1940年10月3日）

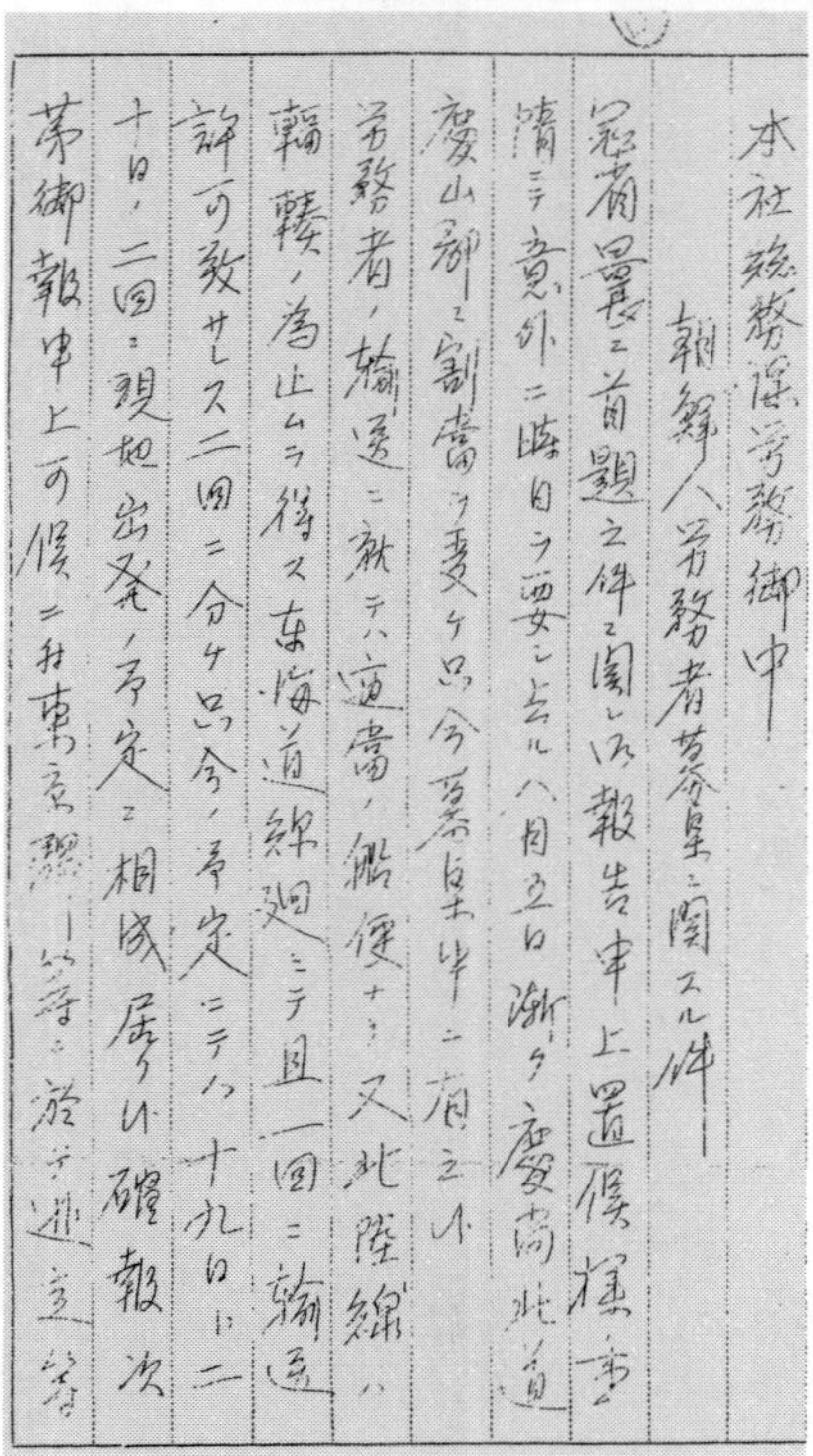
本社総務課労務係御中
朝鮮人労務者募集ニ関スル件
客月[illegible]ニ首題之件ニ関シ[illegible]報告申上置候[illegible]
情ニテ意外ニ時日ヲ要シ[illegible]漸ク慶尚北道
慶山郡ニ割當ヲ受ケ只今募集中ニ有之候
労務者ノ輸送ニ就テハ適當ノ船便ナク又北陸線ハ
輻輳ノ為止ムヲ得ズ東海道線廻リニテ且一回ニ輸送
許可致サレズ二回ニ分ケ只今ノ予定ニテハ十九日ト二
十日ノ二回ニ現地出発ノ予定ニ相成居リ候確報次
第御報申上可候ニ付東京[illegible]

●──日本曹達天塩鉱山所史料「朝鮮人労務者募集ニ関スル件」（1940年8月12日）

さて、このような官斡旋政策のもとで、企業主は「朝鮮人労務者斡旋申請書」を朝鮮総督府に提出し、その際企業主は斡旋希望地域を具体的に指定した。そして、その企業主の希望にそう形で割当ての道が決定された。後に述べるように、強制連行された朝鮮人の多くは石炭鉱業での労働を強いられたので、ここでは福岡県内の財閥《ざいばつ》系の炭鉱にしぼって、その割当道（一九四三〈昭和十八〉年）をみると、次のような特徴がある。

一つは、三井《みつい》財閥▲傘下の三池《みいけ》▲・山野《やまの》・田川《たがわ》の三炭鉱の割当道は圧倒的に京《けい》《チョン》畿《き》《ギ》道《どう》《ド》に集中しており、この点はほかの財閥系炭鉱にみられないことである。

もう一つは、ほかの財閥系炭鉱では炭鉱によって割当道が競合しないように、慎重な配慮がなされていることである。たとえば、三菱《みつびし》財閥▲傘下の炭鉱をとってみると、新入《しんにゅう》炭鉱と方城《ほうじょう》炭鉱は全《ぜん》《チュル》羅《ら》《ラ》北《プク》道《ド》、鯰田《なまずた》炭鉱は江《こう》《カン》原《げん》《ウォン》道《どう》《ド》、上山田《かみやまだ》炭鉱は忠《ちゅう》《チュン》清《せい》《チョン》南《なん》《ナム》道《どう》《ド》、飯塚《いいづか》炭鉱は全羅南道というように、割当道の明らかな違いが認められる。

以上のような特徴をもつ割当道には、さらに重要な点が含まれているが、それを明らかにするために、つぎに被連行朝鮮人の出身道をみることにしよう。

▼三井財閥　江戸時代の豪商《ごうしょう》三井家（越後屋《えちごや》）を起源とする財閥。一九〇九（明治四十二）年、三井家同族会は持株会社としての三井合名会社となり、同時に傘下にあった三井物産・三井銀行を株式会社化し（三井鉱山は一一〈同四十四〉年）、同族経営の持株会社を頂点とし、多角的事業を経営するコンツェルン（財閥）を確立した。

▼三池炭鉱　日本最大の炭鉱。江戸時代、三池・柳河《やながわ》両藩によって経営されていたが、明治維新《いしん》後の一八七三（明治六）年官営となり、開発が本格化した。一八八八（明治二十一）年三井組に払い下げられ、その後の三井財閥形成の基礎となった。

▼三菱財閥　明治維新後、岩崎《いわさき》弥《や》太郎《たろう》が土佐《とさ》藩《はん》の事業を引き継ぎ設立した九十九《つくも》商会を起源とする財閥。一八八六（明治十九）年、二代目社長岩崎弥之助《やのすけ》のもとで三菱

「移入」朝鮮人の出身道と職業・年齢

朝鮮人の強制連行が始まる前の一九二〇年代から三〇年代にかけて、日本へ渡航する朝鮮人は急速に増加した。当初は、日本への出稼ぎという形をとっていたが、しだいに日本に定住する者がふえた。次ページ表は、このときの朝鮮人の出身道と「移入」(被連行)朝鮮人の出身道を比較したものである。

まず、一九二三(大正十二)年時点での朝鮮人の出身道は慶尚南道がもっとも多く、そのあとに全羅南道、慶尚北道が続く。そして、この三つの道で全体の八〇%を占めている。朝鮮人の出身道がこの三道に集中していることは、朝鮮人が日本へ流入する際の航路(行路)の問題に主として基づくものであった。朝鮮と日本を結ぶ航路には、釜山《プサン》(慶尚南道)と下関《しものせき》を結ぶ関釜《かんぷ》連絡船(一九〇五〈明治三十八〉年開設)、済州《さいしゅう》島(全羅南道)と大阪を結ぶ大阪・済州島間連絡船(一九二二〈大正十一〉年開設)、麗水《れいすい》(全羅南道)と下関を結ぶ関麗《かんれい》連絡船(開設年次不詳)の三つのルートがあった(二六ページ地図参照)。そのなかでも、関釜連絡船の利用者数が一番多かった。こうした航路の存在が、日本へ流入する朝鮮人の出身道に強い影響をあたえたものと思われる。

社(九三〈同二十六〉年三菱合資会社に改組)が設立された。一九一七(大正六)年から二〇(同九)年にかけて、三菱合資は直営事業の三菱造船・三菱鉱業・三菱商事・三菱銀行などを株式会社化し、持株会社としての三菱合資を頂点とする多角的事業の経営体＝コンツェルン体制を確立した。

●──出身道別在日・「移入」朝鮮人数

出身道	1923年 在日朝鮮人数(全国)	1939年～43年末 「移入」朝鮮人数(福岡県)
	人 %	人 %
京畿道	2,395(3.3)	4,486(9.2)
忠清北道	1,108(1.5)	3,593(7.4)
忠清南道	2,220(3.0)	8,545(17.5)
全羅北道	3,332(4.6)	4,419(9.1)
全羅南道	18,050(24.8)	6,762(13.9)
慶尚北道	11,404(15.7)	7,796(16.0)
慶尚南道	28,628(39.3)	6,815(14.0)
黄海道	726(1.0)	2,693(5.5)
平安南道	913(1.3)	0(－)
平安北道	672(0.9)	0(－)
江原道	1,532(2.1)	3,702(7.6)
咸鏡南道	1,261(1.7)	0(－)
咸鏡北道	574(0.8)	0(－)
合　計	72,815(100.0)	48,811(100.0)

(出典)　西成田豊『在日朝鮮人の「世界」と「帝国」国家』による。

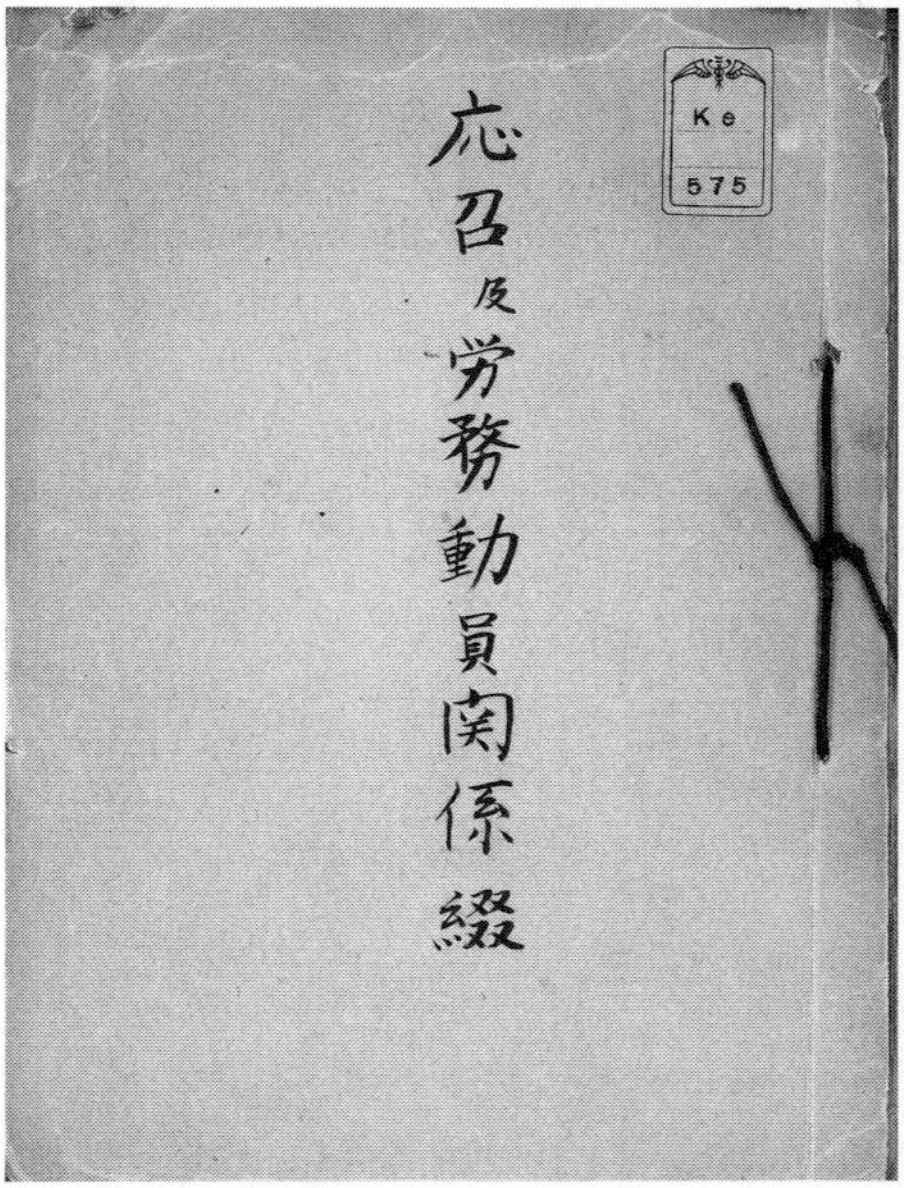

●──「応召及労務動員関係綴」

一方、被連行朝鮮人の出身道は、一九一三年時とは大きく異なっている。慶尚南道・全羅南道の比率は大きく低下し、一三年時にはほとんど無視できる程度の比率であった京畿道・忠清北道・忠清南道・全羅北道・黄海道《こうかいどう》《ファンヘド》・江原道が一様にその比率を高めている（とくに忠清南道）。総じていえば、一九二〇年代・三〇年代、日本へ渡航する朝鮮人が少なかった諸道の出身比率が高くなっており、企業はそうした諸道を強制連行の対象地域として意識的に設定していることがわかる。その意味は、のちに改めて述べることにする。

さて、以上のような諸道から連行された朝鮮人の朝鮮での職業はどのようなものであったのだろうか。当時の朝鮮は農業国（植民地《しょくみんち》）的な性格を強くもっており、被連行朝鮮人の大多数は農民であった。じじつ、内務省警保局の年次報告書（『社会運動の状況』一九四一〈昭和十六〉年）は、そのように記しており、また一炭鉱の事例ではあるが、山口県の長生炭鉱が一九四〇（昭和十五）年四月に連行した朝鮮人六五人の前職は、農業五九人・土木農業一人・漁業二人・商業二人・不明一人であり、土木農業も含めれば、農業を前職とする者は、全体の九二％におよんでいる。

また、被連行朝鮮人の年齢は、若年者が多い点に特徴があった。たとえば、福岡県の貝島《かいじま》炭礦第七坑が一九三九(昭和十四)年八月から四一年にかけて連行した朝鮮人六五〇人の年齢構成は、二〇歳未満一二四人(一九%)、二〇〜二四歳二二九人(三五%)、二五〜二九歳一六五人(二五%)、三〇歳以上一三二人(二〇%)であり、二五歳未満が五四%におよんでいる。こうした若年者を強制連行の対象者として意識的に追求していることは、官斡旋に際して閣議決定された前記「朝鮮人労務者活用に関する方策」が、朝鮮人強制連行に関して、「年齢概《おおむ》ね満十七歳ないし二十五歳の男子にして心身健全なるものを選抜す」と記していることからも明らかである。

朝鮮人強制連行は、朝鮮の働き盛りの農民を奪い去ったのである。

「移入」朝鮮人の人数とその産業別構成

強制連行された朝鮮人の人数は、一九三九(昭和十四)年八月から四五(同二十)年八月までの合計で七二万五〇〇〇人である。年度別にみると、一九三九年度五万三〇〇〇人、四〇(昭和十五)年度五万九〇〇〇人、四一(同十六)年度

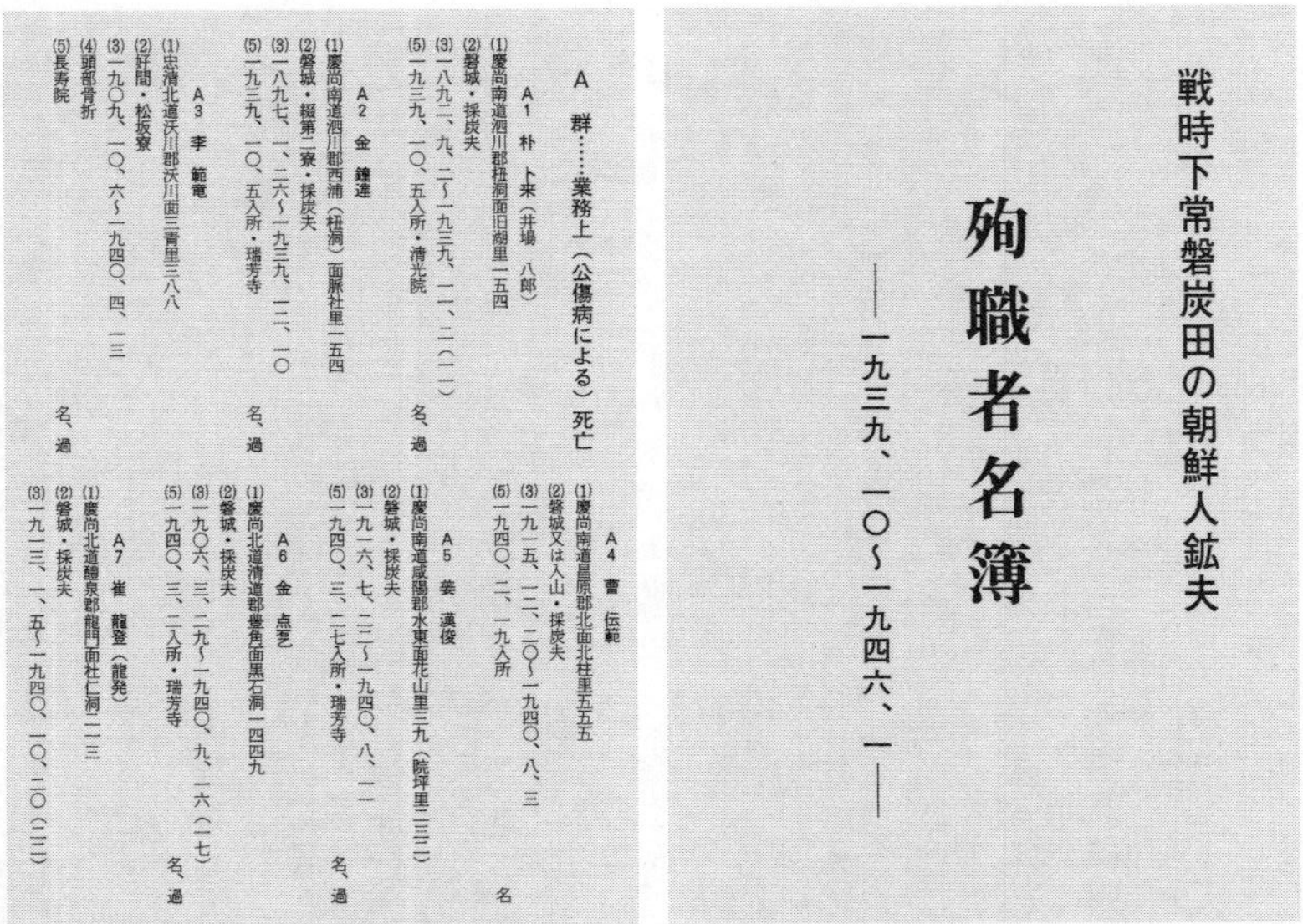
戦時下常磐炭田の朝鮮人鉱夫

殉職者名簿

—一九三九、一〇〜一九四六、一—

A 群……業務上（公傷病による）死亡

A1 朴 卜来（井場 八郎）
(1)慶尚南道泗川郡杻洞面旧湖里一五四
(2)磐城・採炭夫
(3)一八九二、九、二〜一九三九、一一、二（一一）
(5)一九三九、一〇、五入所・清光院 名、過

A2 金 鐘達
(1)慶尚南道泗川郡西浦（杻洞）面脈社里一五四
(2)磐城・綴第二寮・採炭夫
(3)一八九七、一、二六〜一九三九、一二、一〇
(5)一九三九、一〇、五入所・瑞芳寺 名、過

A3 李 範竜
(1)忠清北道沃川郡沃川面三青里三八八
(2)好間・松坂寮
(3)一九〇九、一〇、六〜一九四〇、四、一三
(4)頭部骨折
(5)長寿院 名、過

A4 曺 伝範
(1)慶尚南道昌原郡北面北柱里五五五
(2)磐城又は入山・採炭夫
(3)一九一五、一二、二〇〜一九四〇、八、三
(5)一九四〇、二、一九入所 名

A5 姜 漢俊
(1)慶尚南道咸陽郡水東面花山里三九（院坪里二三二）
(2)磐城・採炭夫
(3)一九一六、七、二三〜一九四〇、八、一一
(5)一九四〇、三、二七入所・瑞芳寺 名、過

A6 金 点乭
(1)慶尚北道清道郡豊角面黒石洞一四四九
(2)磐城・採炭夫
(3)一九〇六、三、二九〜一九四〇、九、一六（一七）
(5)一九四〇、三、二入所・瑞芳寺 名、過

A7 崔 龍登（龍発）
(1)慶尚北道醴泉郡龍門面杜仁洞二一三
(2)磐城・採炭夫
(3)一九一三、一、五〜一九四〇、一〇、二〇（二三）

●—『戦時下常磐炭田の朝鮮人鉱夫　殉職者名簿』1939年10月〜46年１月（長澤秀作成，私家版，部分）

●—「移入」朝鮮人が記した，かすかに残る「春」の壁文字（兵庫県西宮市の甲陽園地下濠）

六万七〇〇〇人、四二(同十七)年度一二万一〇〇〇人、四三(同十八)年度一二万八〇〇〇人、四四(同十九)年度二八万六〇〇〇人、四五年度一万一〇〇〇人と推移している。官斡旋が始まった一九四二年度以降急増し、敗戦の年に激減している。

被連行朝鮮人が送られた産業は、石炭鉱業・金属鉱業・土木建築業・工業(工場)であるが、なんといってももっとも多数送られた産業は、石炭鉱業である。一九三九〜四二年度のその数は、このときの被連行者総数の六〇〜六五%におよんでおり、四五年度までの合計でも三四万三〇〇〇人と、被連行者総数(七二万五〇〇〇人)の四七%を占めている。石炭鉱業が存在する地域別に被連行朝鮮人の比率(四一〜四五年平均)をみると、九州(筑豊《ちくほう》炭田など)五五%、北海道三一%、宇部《うべ》(山口県)地方八%、常磐《じょうばん》(福島県南部・茨城県北部)地方六%となっており、被連行朝鮮人の多数が九州と北海道に送られている。

これに対して、金属鉱業の被連行朝鮮人数は、一九四五年度までの合計で六万七〇〇〇人、被連行者総数の九%であり、石炭鉱業のそれと比べると、ずっと少ない。

一方、土木建築業の被連行朝鮮人数は、一九四五年度までの合計で一〇万九〇〇〇人、被連行者総数の一五％を占めている。また、工業（工場）の被連行朝鮮人数は、もともと少なかったが、一九四四年度に一五万八〇〇〇人と一挙に急増し、同年度の被連行者数の五五％を占めた。その結果、工業（工場）の被連行朝鮮人数は、一九四五年度までの合計で二〇万六〇〇〇人、被連行者総数の二八％を占め、石炭鉱業につぐ産業となっている。この工業（工場）の中心的な産業部門は、鉄鋼業であった。戦争末期となり、鉄鋼業を中心とする軍需工業部門への朝鮮人の連行が強く要請されたものと思われる。

「移入」朝鮮人の企業別構成

つぎに、うえに述べた産業別の被連行朝鮮人が、具体的にどのような企業に連行されたかをみることにしよう。

まず、石炭鉱業であるが、一九四三（昭和十八）年六月現在、朝鮮人鉱夫が多い炭鉱企業のうち、上位一〇位までをあげると、以下のとおりである。

⑴北海道炭礦汽船《たんこうきせん》㈱▲夕張《ゆうばり》炭鉱（北海道、三七六二人）、⑵貝島炭礦㈱大之浦《おおのうら》炭

▼北海道炭礦汽船　一八八九（明治二十二）年、官営の幌内炭鉱とその付属鉄道の払下げを受けて北海道炭礦鉄道が設立された。一九〇六（明治三十九）年の鉄道国有化により、北海道炭礦汽船に社名を変更。明治末、経営難に陥り、一九一三（大正二）年三井財閥の傘下にはいった。

鉱(福岡県、三三三八人)、(3)日産《にっさん》化学工業㈱高松《たかまつ》炭鉱(福岡県、二九八九人)、(4)三菱鉱業㈱崎戸《さきと》炭鉱(長崎県、二九一八人)、(5)三井鉱山㈱三池炭鉱(福岡県、二三二一人)、(6)三井鉱山㈱山野炭鉱(福岡県、二二五五人)、(7)宇部《うべ》興産《こうさん》㈱沖《おき》ノ山《やま》炭鉱(山口県、一九八二人)、(8)入山《いりやま》採炭㈱入山炭鉱(福島県、一九三四人)、(9)明治鉱業㈱赤池《あかいけ》炭鉱(福岡県、一八六六人)、(10)三井鉱山㈱砂川《すながわ》炭鉱(北海道、一八〇〇人)

北海道炭礦汽船株式会社は三井財閥傘下の企業であり、これを含めると、朝鮮人鉱夫の多い炭鉱は、三井財閥を筆頭とする財閥系の炭鉱(三井のほかに三菱・日産財閥▲)であり、これに地場《じば》資本系(貝島炭礦・宇部興産・入山採炭・明治鉱業)の炭鉱が続いている。

一方、同じ一九四三年六月現在、全鉱夫に占める朝鮮人鉱夫の比率が高い炭鉱企業のうち、上位一〇位までを示すと、次のとおりである。

(1)麻生《あそう》鉱業㈱綱分《つなわけ》炭鉱(福岡県、朝鮮人鉱夫一一八三人、五二%)、(2)嘉穂《かほ》鉱業㈱嘉穂炭鉱(福岡県、同一〇二〇人、五一%)、(3)北海道炭礦汽船㈱幌内《ほろない》炭鉱(北海道、同一三一八人、五〇%)、(4)北海道炭礦汽船㈱夕張炭鉱(同三七六

▼日産財閥　一九二八(昭和三)年久原《くはら》鉱業社長に就任した鮎川義介《あいかわよしすけ》は、同社を日本産業株式会社と改組・改称し、多角的事業経営を展開した。とくに満州事変《まんしゅうじへん》(一九三一〈昭和六〉年)以降急成長し、傘下に日本鉱業・日立製作所・日産自動車などを擁した日産財閥(日産は日本産業の改称)へと発展した。古い伝統をもつ三井・三菱・住友財閥との対比で、新興財閥の一つに数えられている。

二人、四八%)、(5)麻生鉱業㈱吉隈《よしくま》炭鉱(福岡県、一〇〇〇人、四四%)、(6)麻生鉱業㈱芳雄《よしお》炭鉱(福岡県、同一一九五人、四三%)、(7)三菱鉱業▲㈱崎戸炭鉱(同二九一八人、四二・四%)、(8)雄別《ゆうべつ》炭礦㈱雄別炭鉱(北海道、同一〇〇九人、四二・二%)、(9)明治鉱業㈱赤池炭鉱(同一八六六人、四〇・九%)、(10)三井鉱山▲㈱美唄《びばい》炭鉱(北海道、同一四五〇人、四〇・八%)

朝鮮人鉱夫の比率が高い炭鉱企業は、さきに述べた朝鮮人鉱夫が多い炭鉱企業とは異なり、麻生鉱業を中心とする地場資本系(麻生鉱業のほかに嘉穂鉱業・明治鉱業)の炭鉱であり、これに財閥系炭鉱が続いている。

以上のような炭鉱企業への朝鮮人の連行によって、炭鉱労働者のなかに占める被連行朝鮮人労働者の比率は、しだいに増加した。すなわち、炭鉱労働者総数に占める日本人炭鉱労働者の割合は、九七%(一九三九〈昭和十四〉年)、八七%(四一〈同十六〉年)、六八%(四三年)、五九%(四五〈同二十〉年)と減少しているのに対し、被連行朝鮮人労働者の割合は、反対に、四%(三九年)、一三%(四一年)、二九%(四三年)、三一%(四五年)と急増している(四三年、四五年の残りの三%、一〇%は勤労報国隊・白人俘虜・被連行中国人など)。戦争の進展にともなう炭鉱

▼三菱鉱業　一九一八(大正七)年、三菱合資会社(三菱財閥の本社)から鉱山部・炭坑部が分離独立して設立された。高島《たかしま》炭鉱・佐渡《さど》金鉱山・生野《いくの》銀山・尾去沢《おさりざわ》銅山などを経営。三菱財閥の主力企業の一つだった。

▼三井鉱山　創業は三井組の神岡《かみおか》鉱山取得(一八七四〈明治七〉年)に始まり、三池炭鉱の払下げ後、一八九二(同二十五)年に三井鉱山合資会社が設立された。一九〇九(明治四十二)年、三井合名会社(三井財閥の本社)の鉱山部となり、一一(同四十四)年、三井鉱山株式会社として独立した。三井物産・三井銀行とともに、三井財閥の主力企業だった。

の労働力不足は、被連行朝鮮人によって充足されていった。

しかも、炭鉱企業に送られた被連行朝鮮人は、炭鉱のなかでも、もっともきつく、危険な労働に従事させられた。鉱夫は一般に坑内夫と坑外夫に分けられるが、坑内夫の労働のほうが厳しい。また、坑内夫のなかでも採炭夫《さいたんふ》の労働が一番きつく危険をともなう。このことを念頭において、日本人と被連行朝鮮人の労働を比較すると（一九四三年四月現在）、坑内夫と坑外夫の割合は、日本人は六〇％対四〇％であるのに対して、被連行朝鮮人は九二％対八％である。また、採炭夫の比率も、日本人の一八％に対して、被連行朝鮮人は五二％におよんでいる。以上のように、被連行朝鮮人は炭鉱のなかでももっとも危険で苛酷な労働を強いられていた。

つぎに、金属鉱業についてみよう。一九四二（昭和十七）年三月現在、被連行朝鮮人三〇〇人以上を使用している金属鉱山を多い順に示すと、以下のとおりである。

住友本社鴻之舞《こうのまい》鉱山（北海道、一一四二人）、日本鉱業▲㈱日立鉱山（茨城県、一〇二二人）、三菱鉱業㈱佐渡《さど》鉱山▲（新潟県、八四一人）、松尾《まつお》鉱業㈱松尾鉱業

▼**日本鉱業**　日立鉱山（四五ページ参照）に始まり、一九二九（昭和四）年、鮎川義介が経営する日本産業株式会社の鉱山・製錬《せいれん》部門を分離独立させて設立された。

▼**佐渡鉱山**　一五四二（天文《てんぶん》十一）年に開発され、その後江戸幕府が佐渡奉行をとおして直轄する金銀山として発展。明治維新後の一八六九（明治二）年官営となり、一八九六（同二十九）年三菱に払い下げられた。

所（岩手県、七三七人）、三井鉱山㈱神岡《かみおか》鉱業所▲（岐阜県、四五一人）、日本鉱業㈱豊羽《とよは》鉱山（北海道、四一六人）、ラサ工業㈱田老《たおい》鉱業所（岩手県、三八〇人）、三菱鉱業㈱手稲《ていね》鉱山（北海道、三七七人）、三菱鉱業㈱細倉《ほそくら》鉱山（宮城県、三六三人）、静狩《しずかり》鉱山㈱静狩鉱山（北海道、三三三人）、千歳《ちとせ》鉱業㈱千歳鉱山（北海道、三〇一人）

以上のように、金属鉱業に連行された朝鮮人は、日産財閥系の日本鉱業、住友財閥▲の鴻之舞鉱山・三菱鉱業・三井鉱山など、財閥系鉱山が多数を占めた。

つぎに、土木建築業に目を移し、一九四二年六月現在、被連行朝鮮人五〇〇人以上を使用している工事を、多い順に企業別に示すと、以下のとおりである。

飛島《とびしま》組㈱、北海道雨竜《うりゅうがわ》川発電工事（二五一八人）、飛島組、山梨県富士川発電工事（二二七四人）、㈱間《はざま》組、静岡県日本発送電久野口《くのぐち》発電工事（一三二一人）、間組、長野県日本発送電三浦貯水池御嶽《おんたけ》出張所（九五九人）、興村《こうむら》組、広島県日本発送電水力発電工事（七八九人）、熊谷《くまがい》組㈱、宮崎県川原《かわはら》作業所（七三〇人）、熊谷組、長野県黒沢《くろさわ》作業所（六九四人）、熊谷組、長野県平岡《ひらおか》作業所（六五三人）、間組、青森県十和田《とわだ》出張所発電工事（六三〇人）、中国土木

▼**神岡鉱業所**　岐阜県飛驒市神岡町にある日本最大の亜鉛・鉛・銅・銀鉱山。江戸時代に開坑し、採掘が進み、一八七四（明治七）年以降、三井組（三井鉱山）によって近代的経営がはじまった。

▼**住友財閥**　江戸時代に銅関係の事業を営んだ住友家（泉屋《いずみや》）を起源とする財閥。一九一二（大正元）年の住友銀行の株式会社化を皮切りに、傘下の住友鋳鋼所《ちゅうこうしょ》などを統合し、株式会社化し（住友製鋼《せいこう》所《しょ》の設立）、さらに二一（同十）年には住友総本店を住友合資会社に改組、コンツェルン体制を確立した。

合資会社、鳥取県海軍工事(五六三人)、間組、岐阜県兼山《かねやま》発電工事(五〇〇人)

右にでてくる日本発送電とは、電力国家管理法▲の成立によって、その中心的な担い手として、一九三九(同十四)年四月に設立された国策会社である。土木建築業においては、戦後急成長をとげる大手土建企業(飛島組・間組・熊谷組など)が、日本発送電の工事をはじめとする発電工事に、多数の被連行朝鮮人を使用していた。

最後に工業(工場)における被連行朝鮮人をみよう。前に述べたように、工業(工場)の被連行朝鮮人は、鉄鋼業を中心に一九四四(昭和十九)年、一挙に増加したが、このときの企業別構成とその数はわからない。わかるのは一九四二年六月現在の人数である。この時点で、被連行朝鮮人を五〇人以上使用している工場を使用人数の多い順にあげると、次のとおりである。

日本鋼管▲(株)川崎《かわさき》工場(神奈川県、五〇五人)、同扇町《おおぎまち》工場(神奈川県、四五九人)、日本製鉄▲(株)釜石《かまいし》製鉄所(岩手県、四五一人)、同八幡《やはた》製鉄所(福岡県、三五一人)、輪西《わにし》製鉄所(北海道、二五八人)、電気化学工業(株)大牟田《おおむた》工場(福岡

▼**電力国家管理法**　一九三八(昭和十三)年四月成立。一九三九(昭和十四)年から五一(同二十六)年にかけて、日本の電力業を国家管理のもとにおいた。一九四二(昭和十七)年の配電統合によって、電力の国家管理は完成し、発電・送電は日本発送電が担当し、配電は全国九つの配電会社(北海道・東北・関東・中部・北陸・関西・中国・四国・九州)が担当するというシステムがつくられた。

▼**日本鋼管**　一九一二(大正元)年、鋼管の製造を目的として神奈川県川崎に設立された鉄鋼会社。官営八幡製鉄所の鋼材部長今泉《いまいずみ》嘉《か》一郎《いちろう》が企画して設立された。

▼**日本製鉄**　一九三四(昭和九)年一月、官営八幡製鉄所を中心に鉄鋼業の一所五社が合同して設立された鉄鋼会社。アジア太平洋戦争期の鉄鋼生産の中心的な役割を担った。

県、二四八人）、東京麻糸紡績沼津《ぬまづ》工場（静岡県、一一五人）、住友《すみとも》アルミニューム（大阪府、一六五人）、東京芝浦《しばうら》電気▲三重工場（三重県、九五人）、日本車輛製造㈱（愛知県、九二人）、昭和電工▲㈱大町《おおまち》工場（長野県、九二人）、同塩尻《しおじり》工場（長野県、七八人）、㈱内外製鋼所（所在地不詳、七五人）、徳山《とくやま》製鈑㈱徳山工場（山口県、六八人）、電気化学工業㈱青梅《おうめ》工場（東京都、六三人）

以上のようにみると、一九四二年の時点でも、被連行朝鮮人が多数投入された工場は、鉄鋼業であった。ただし、農民を中心とする被連行朝鮮人が鉄鋼業に関する技能をもっていたとは考えられないので、その労働は鉄鉱石・コークスの運搬などの肉体労働が中心であったものと思われる。

さて、以上のような産業と企業に連行された朝鮮人は、どのように扱われたのだろうか。以下、石炭鉱業とその企業を中心に、この点をみることにしよう。

皇民化政策

被連行朝鮮人に対して、政府がまず打ち出した方針は「皇民化《こうみんか》」政策であった。「皇民化」政策とは、天皇の臣民《しんみん》として日本人に同化《どうか》させる政策である。ただ、

▼**東京芝浦電気**　一九三九（昭和十四）年、東京電気と芝浦製作所が合併することによって設立された電機メーカー。東京電気は一八九〇（明治二十三）年に設立された白熱舎《はくねつしゃ》が前身で、電球を製造し、九九（同三十二）年に東京電気と改称。芝浦製作所は、一八七五（明治八）年に初代田中久重《ひさしげ》が田中製造所を開設したのが始まり。一八九三（明治二十六）年に三井銀行の管理下にはいり、芝浦製作所と改称。一九〇四（明治三十七）年に株式会社として独立し、重電気メーカーとしての途《みち》をあゆんだ。

▼**昭和電工**　一九三九（昭和十四）年、昭和肥料と日本電気工業の合併によって設立された化学企業。両企業はともに、昭和鉱業・昭和火薬・中央電気工業などを傘下に擁する新興財閥森コンツェルンに属した電気化学・冶金メーカー。

この政策が本格的に重視されるようになるのは、「官斡旋」以降のことである。

すなわち、一九四二(昭和十七)年二月、厚生省と内務省によって「移入労務者訓練および取扱要綱」(以下「要綱」と記す)が作成され、「移入労務者を有能なる産業労務者として育成するとともに、環境順応の生活を指導して、皇国《こうこく》臣民としての資質を錬成すること」が指示された。同年十一月には、さらに厚生省によって「出動労務者訓練服《ふく》務《む》心《こころ》得《え》準則」(以下「準則」と記す)が策定され、「皇室を尊び、忠誠をもって君国《くんこく》(天皇の国―筆者)に報ずるの精神を持ち、職務に耐えること」が強調された。

以上の「要綱」と「準則」では、いずれも国語(日本語)の使用が重視されている。すなわち、「要綱」では、とくに留意すべき事項として、「速《すみやか》に国語を習熟させることを期し、やむを得ない場合を除き、必ず国語を使用させる方針とすること」が強調されていた。また、「準則」でも、「国語を速に修得し、之《これ》を常用すること」が、うたわれている。

被連行朝鮮人に対するこうした日本語使用の強制は、個々の企業の施策のなかにも貫かれている。たとえば、明治鉱業株式会社は、「半島人《はんとうじん》労務員訓練所規定」(「半島人」とは朝鮮人のこと―筆者)のなかで、「国語修得考査委員は、半島人労務者に対し、二カ月毎に国語修得の程度を考査し、その等級を査定し、訓練所長に報告すること」と定めている。また、入山採炭株式会社の「国語手当要綱」は、以下のようなものであった。「第一、本要綱に依り半島労務者に国語手当を支給する」、「第二、国語手当は半島労務者に国語を熟達させ、皇国臣民化を急速に実現することを目的とする」、「第三、国語熟達の程度により左の等級を付し、出勤一日に対し各手当額を支給する」、「第四、等級は特級、一級、二級、三級とし、手当額は特級三〇銭、一級二〇銭、二級一〇銭、三級五銭とする」。

労務管理政策と賃金

炭鉱・鉱業の被連行朝鮮人に対する労務管理は、ごく一部(北海道炭礦汽船・日立鉱山▲・佐渡鉱山など)では、かなりゆるやかな労務管理が推し進められたが、全体としては、きわめて抑圧的・暴力的なものであった。住友本社鴻之舞《こうのまい》鉱業所の「半島労務員統理綱要」(一九四一〈昭和十六〉年一月)は、この点をよく示して

▼**日立鉱山**　茨城県日立市にあった銅鉱山。天正《てんしょう》年間(一五七三〜九二)に発見されたとされる赤沢銅山を一九〇五(明治三十八)年、久原房之助《くはらふさのすけ》が買収して久原鉱業所日立鉱山と改称。一九二八(昭和三)年、久原は久原商事・日立製作所などとともに日立鉱山の事業を義兄の鮎川義介に継承させた。

いる。

　そして実は、被連行朝鮮人に対して抑制的な方針で臨むのか、ゆるやかな方針で臨むのかは、強制連行当初、企業の労務担当者が強く意識していた点であった。じじつ、一九四〇(昭和十五)年七月に開かれた石炭鉱業連合会▲労務担当者会議は、この点を問題とした。そして、三菱大夕張《おおゆうばり》炭鉱の代表者が「懐柔主義よりも厳罰主義で臨《のぞ》む方が成績(労働の成果―筆者)がよい」と発言し、了承されている。

　つぎに、「移入」朝鮮人の賃金をみることにしよう。このことについて、「官斡旋」を決定した前述の「昭和十六年度労務動員実施計画に依る朝鮮人労務者の内地移入要領」では、「朝鮮人労務者の処遇(賃金など―筆者)については、できるだけ内地人(日本人―筆者)労務者とのあいだに差別がないようにすること」が、うたわれていた。また、個別の企業についてみても、たとえば、一九四一年十二月のA鉱業所の平均日収は、日本人は三円六一銭で、朝鮮人は三円八一銭であり、また四四年六月の明治鉱業株式会社赤池炭鉱の平均日収は、日本人採炭夫は四円二九銭、朝鮮人採炭夫は四円一七銭であった。

▼**石炭鉱業連合会**　一九二一(大正十)年、筑豊・北海道・常磐・宇部などの各地方鉱業会を母体に、石炭の送炭(市場への送出量)統制を目的に設立された全国組織。一九三八(昭和十三)年、戦争の拡大にともない、生産制限目的の統制委員会を廃止し、石炭増強委員会を設置した。一九四一(昭和十六)年の石炭統制会の設立によって解散した。

●―「半島労務員統理綱要」昭和十六年一月（住友鴻之舞鉱山関係綴）

●―「半島人労務者名簿」昭和十四年度以降（住友鴻之舞鉱山関係綴）

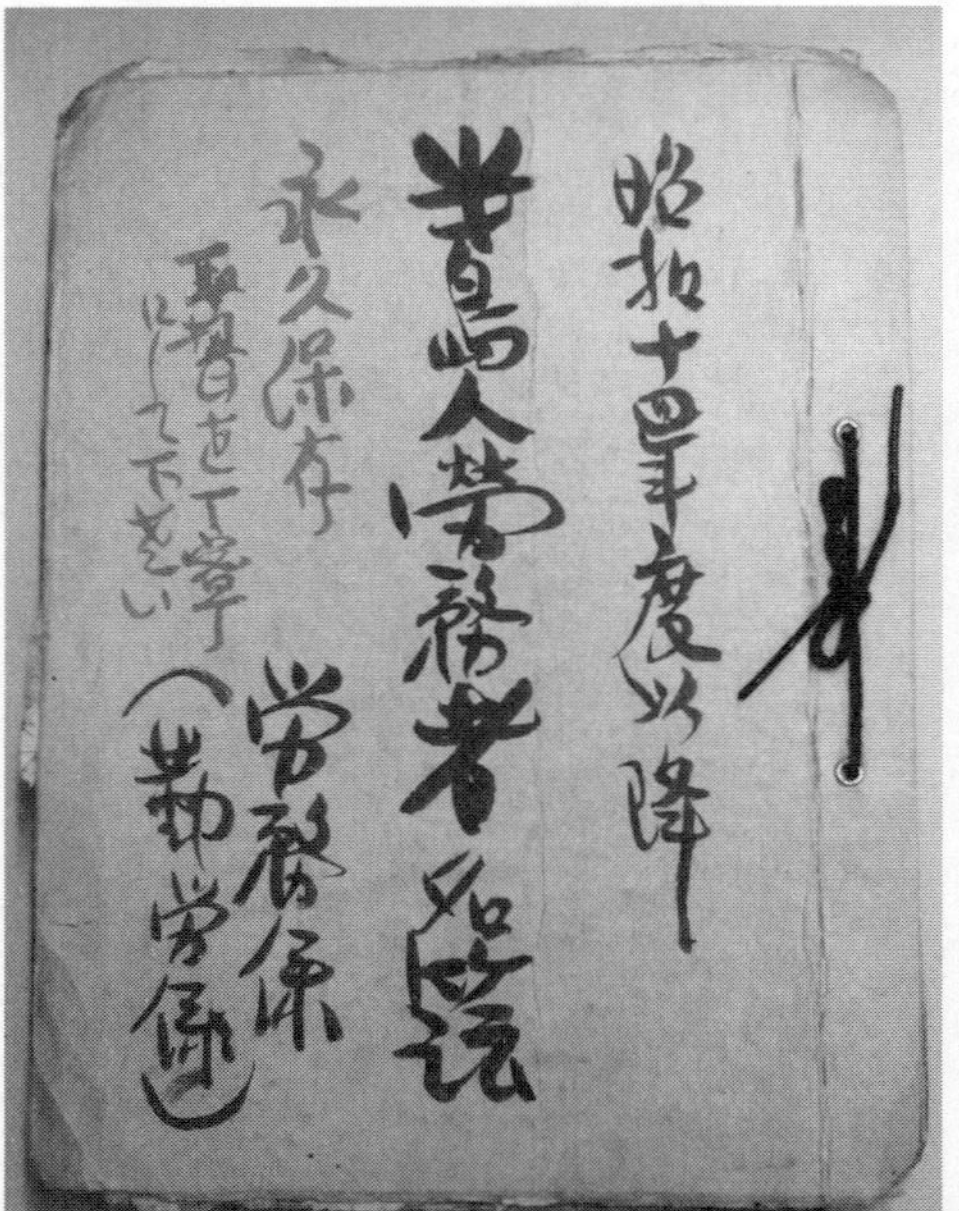

以上のように、賃金の表層をみるかぎり、朝鮮人鉱夫と日本人鉱夫とのあいだに、民族的差別賃金はなかったようにみえる。しかし、朝鮮人鉱夫の賃金は、多くの場合、経営側の手によって強制的に積み立て、貯蓄され、朝鮮人鉱夫に実際に支払われた賃金は、ごくわずかであった。

たとえば、明治鉱業平山《ひらやま》鉱業所には、被連行朝鮮人の貯金として「愛国貯金」「強制貯金」「普通貯金」の三種類があり、前の二つの貯金については、「本人退職の場合の外《ほか》、引出しを禁ず」とされていた。強制連行された朝鮮人が退職することはありえないので、「愛国貯金」「強制貯金」は、「貯金」の名による賃金の実質的な収奪である。また、「普通貯金」は、建て前上は被連行朝鮮人の自由な意志に委《ゆだ》ねられていたが、鉱業所は、「できるだけ普通貯金を奨励し、自発的貯金を励行させる」という方針をとっていた。しかも、この貯金は、「本人において止むを得ざる事情があると認めた時に払出《はらいだ》すものとする」とされ、自由な意志に基づく普通貯金としては、きわめて異色であった。

また、入山採炭株式会社の場合、同社の「半島労務者預金ならびに送金取扱規定」によれば、被連行朝鮮人に対する賃金は、賃金精算金より四円以上五円以下を支払い、残りの全部は、「一時預金」として原簿に記入し、保管するとされている。また、被連行朝鮮人より預金引出しの申請があった場合は、被連行朝鮮人を収容している寮の寮長は、申請の理由をこと細かに調査し、受領書を受け取ったうえで、預金の一部を給付するとしている。

以上述べたような強制貯金、自発的貯金の強制、経営側による貯金通帳の保管と貯金引出しの事実上の制限、原簿上の賃金記載と実際の少額賃金の支給というさまざまな方法のもとで、多くの場合、朝鮮人鉱夫の賃金の実質的な収奪が行われた。

逃亡

朝鮮人の強制連行政策に対して、被連行朝鮮人は、さまざまな抵抗を行った。その一つは、逃亡である。

朝鮮人被連行者実数に対する逃亡者数の割合（逃亡率）は、強制連行が始まった年の一九三九（昭和十四）年度は七％と低かったものの、四〇（同十五）年度は三七％に激増し、以後、四一（同十六）年度五二％、四二（同十七）年（十二月現在)三八%、四三(同十八)年(六月末現在)三六%と増加した。産業別の逃亡率は、それがわかる福岡県(一九四四〈昭和十九〉年三月現在)についてみると、石炭鉱業五一%、金属鉱業九一%、土木建築業六六%、工業(工場)四八%であり、石炭鉱業の逃亡率は低いほうに属するが、それでも五〇%を超えている。以下、石炭鉱業にしぼって、被連行朝鮮人の逃亡率をみることにしよう。

被連行朝鮮人鉱夫の逃亡率は、炭鉱地帯によってかなり異なっている。たとえば、一九四三年四月から四四年三月までの一年間の炭鉱地帯別逃亡率は、北海道一〇%、常磐(福島・茨城県)一五%、宇部(山口県)四八%、九州四一%であった。炭鉱が高い山に囲まれた奥深いところにあり、朝鮮からも遠く離れた北海道では逃亡率は低く、炭鉱が平野にあり、朝鮮にも近い九州では、逃亡率が高い。このように炭鉱地帯別の逃亡率の違いは、炭鉱の地理的な存在条件に基づいていた。

また、ひとくちに九州における逃亡率が高いといっても、被連行朝鮮人鉱夫の出身道《どう》によって逃亡率に大きな差異があった。たとえば、一九四三年十二月現在、福岡県の被連行朝鮮人鉱夫の出身道別逃亡率は、二〇〜三〇年代に多数日本へ渡航・流入した朝鮮人の出身道(全羅南道、慶尚北道、慶尚南道)で高く(それぞれ四一%、六四%、五六%)、同じ時期に渡航・流入者数が少なかった京畿道、黄海道、江海道では低い(それぞれ一七%、三〇%、一六%)。

個別の事例として、明治鉱業平山鉱業所をとっても、一九四二年十二月現在、出身道別の逃亡率は、全羅南道六一%、慶尚北道九四%、慶尚南道八〇%であるのに対し、京畿道三七%、忠清北道三七%、忠清南道五一%、全羅北道三六%であった。

以上のように、一九二〇〜三〇年代に多数日本へ渡航・流入した朝鮮人の出身道の逃亡率が高いということは、すでに日本に定住している在日朝鮮人による逃亡の仲介、あるいは定住在日朝鮮人の縁故をたどった逃亡が相当広範囲に行われていたことを示している。この点は、一九四二年八〜九月、厚生省・内務省・商工省▲・開催地道府県・鉱山監督局などが主催した「移入朝鮮人労務者逃亡防止対策会議」においても、指摘されている。

このように、被連行朝鮮人の逃亡はきわめて組織的であり、そこには逃亡を手助けする定住在日朝鮮人の「世界」が強固に存在していた。そして、このこと

▼**商工省**　一九二五(大正十四)年、農商務省を分割して設立された商工政策を所管する中央官庁(分割して設立されたもう一方は農林省)。戦時統制経済のもとで中心的な官庁の一つとなった。一九四三(昭和十八)年、軍需生産増強のために、軍需省と農商省に再編された。

を裏づけるかのように、逃亡者の発見率はきわめて低かった。じじつ、一九四二年六月末現在、福岡県の逃亡者発見率は、高いところで古河下山田《ふるかわしもやまだ》鉱業所の一九％、古河大峯《おおみね》鉱業所の一一％、古河目尾《しゃかのお》鉱業所の一〇％、低いところで三井三池鉱業所の〇・六％、麻生鉱業所の〇・八％、三菱鯰田《なまずた》鉱業所の三・五％であり、福岡県全体の被連行朝鮮人鉱夫の逃亡者の発見率は、わずかに九％にすぎなかった。逃亡して発見された者に対するすさまじいリンチ・拷問は、在日朝鮮人に関するオーラル・ヒストリーがよく証言するところである。そのリンチ・拷問の事実はけっしてぬぐいさることはできないが、逃亡の圧倒的多数が成功した事実も、見落とすことができない。

こうした被連行朝鮮人の逃亡を組織化する「世界」があったからこそ、前に述べたように、政府・企業は一九二〇～三〇年代、日本へ渡航・流入する朝鮮人が少なかった道を、強制連行の対象地域として意識的に設定したのである。

労働争議

朝鮮人の強制連行政策に対して、被連行朝鮮人がとったもう一つの抵抗は、労働争議である。一九三九（昭和十四）年から四二（同十七）年までの被連行朝鮮人数は二四万九〇〇〇人であるが、この間の労働争議参加者数は五万人（争議件数七八七件）で、実にその二〇％におよんでいる。この間の日本人の労働争議参加者数が激減している（一九三九年の一二万八〇〇〇人から四二年の一万四〇〇〇人へ）ことを考えれば、この点はたいへん重要である。

しかも、労働争議の大多数は炭鉱で起きており、また炭鉱地帯によって争議参加者数も大きく異なっている。たとえば、一九四一（昭和十六）年十二月現在の全国の労働争議参加者数二万四〇〇〇人を炭鉱地帯別にみると、北海道一万六〇〇〇人（全国の争議参加者数の六七％）、常磐二〇〇〇人（同八％）、宇部五〇〇人（同二％）、福岡県四〇〇〇人（同一七％）、長崎県二〇〇〇人（同八％）である。労働争議の多くは北海道で起きており、福岡県における争議は、前に述べた被連行朝鮮人の多さを考えると、非常に少ない。

逃亡の少ない北海道では労働争議が多数発生し、逃亡の多い福岡県では労働争議が著しく少ない。このことのうちに、被連行朝鮮人の抵抗の二つの形態と、その地域性を読み取ることができる。

以上のような労働争議の原因について、政府の一つの文書は、食糧問題（分量の少なさ、質の劣悪さ）がおもな原因で、そのほかは日本人労働者との感情的対立であると、説明している。実際、一九四一年十二月現在の労働争議四九二件を要求事項別にみると、「賃金の増額」九三件（四九二件の一九％）、「賃金算定・支給方法の変更」二三件（同五％）、「労働時間の短縮」三件（同〇・六％）、「設備その他福利施設の変更」三一件（同七％）であったのに対し、日本人監督者との感情的対立と思われる「監督者の排斥」は六六件（同一三％）、食糧問題などを含む「其の他」は二七五件（五六％）であった。

しかし、被連行朝鮮人による労働争議は、一九四四（昭和十九）年にはいると、うえに述べた理由とは明らかに異なる様相をおびてくる。すなわち、逃亡することがむずかしい北海道を中心に、朝鮮人の帰還を要求する争議が広がった。その典型的な争議は、一九四四年六月に起きた住友赤平《あかびら》鉱争議である。この赤平鉱争議がきっかけとなって、北海道の少なからぬ炭鉱で、朝鮮への帰還を求める争議が発生したのである。

③—中国人強制連行

中国人強制連行政策の成立

一九四二(昭和十七)年十一月、政府は「華人《かじん》労務者内地移入に関する件」を閣議決定した。この閣議決定は、鉱業・荷役《にやく》業・工場雑役《ざつえき》の三つの業種に、中国人を強制連行し、投入することを決めたものである。その意味で、この閣議決定は、中国人強制連行政策の始まりととらえることができる。しかし、この閣議決定は、中国人強制連行政策が成功するか失敗するかどうかは、その影響するところが大きいという判断から、まず「試験的」に試み、その「成績」をみて「全面的実施」に移すと、述べている。

この「試験的」な試みとしての中国人強制連行は、翌一九四三(昭和十八)年四月から十一月までのあいだに実行された。その数は、石炭鉱業四二三人、荷役業四三二人、工場雑役四三一人、計一二八六人であった。三業種の被連行中国人数はほぼ等しく、このことに、「試験的移入」の計画性が示されている。

以上の「試験的移入」は、おおむね「良好」な成績をおさめたという判断から、

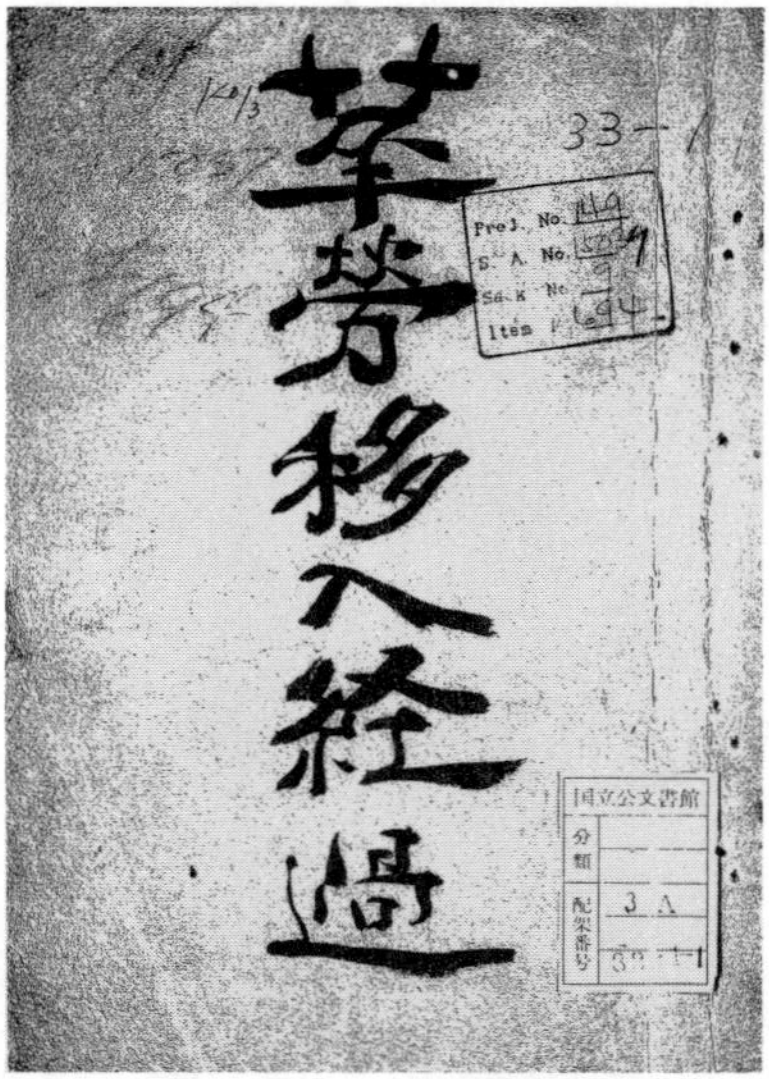

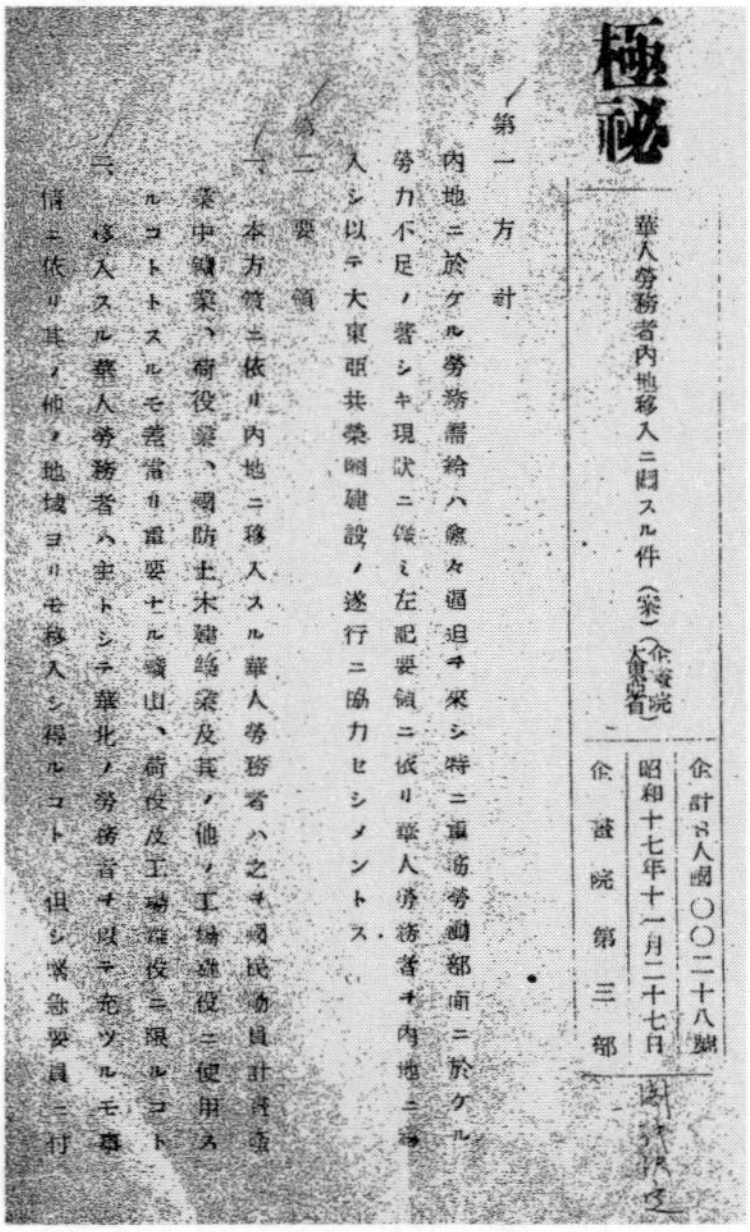

極秘

華人労務者内地移入ニ関スル件（案）（企画院 大東亜省）

企計8人閣〇〇二十八號
昭和十七年十一月二十七日
企画院第三部

閣議決定

第一　方針

内地ニ於ケル労務需給ハ愈々逼迫ヲ来シ特ニ重筋労働部面ニ於ケル労力不足ノ著シキ現状ニ鑑ミ左記要領ニ依リ華人労務者ヲ内地ニ移入シ以テ大東亜共栄圏建設ノ遂行ニ協力セシメントス

第二　要領

一、本方策ニ依リ内地ニ移入スル華人労務者ハ之ヲ国民動員計画産業中鉱業、荷役業、国防土木建築業及其ノ他ノ工場雑役ニ使用スルコトトスルモ差当リ重要ナル鉱山、荷役及工場雑役ニ限ルコト

二、移入スル華人労務者ハ主トシテ華北ノ労務者ヲ以テ充ツルモ事情ニ依リ其ノ他ノ地域ヨリモ移入シ得ルコト但シ緊急要員ニ付

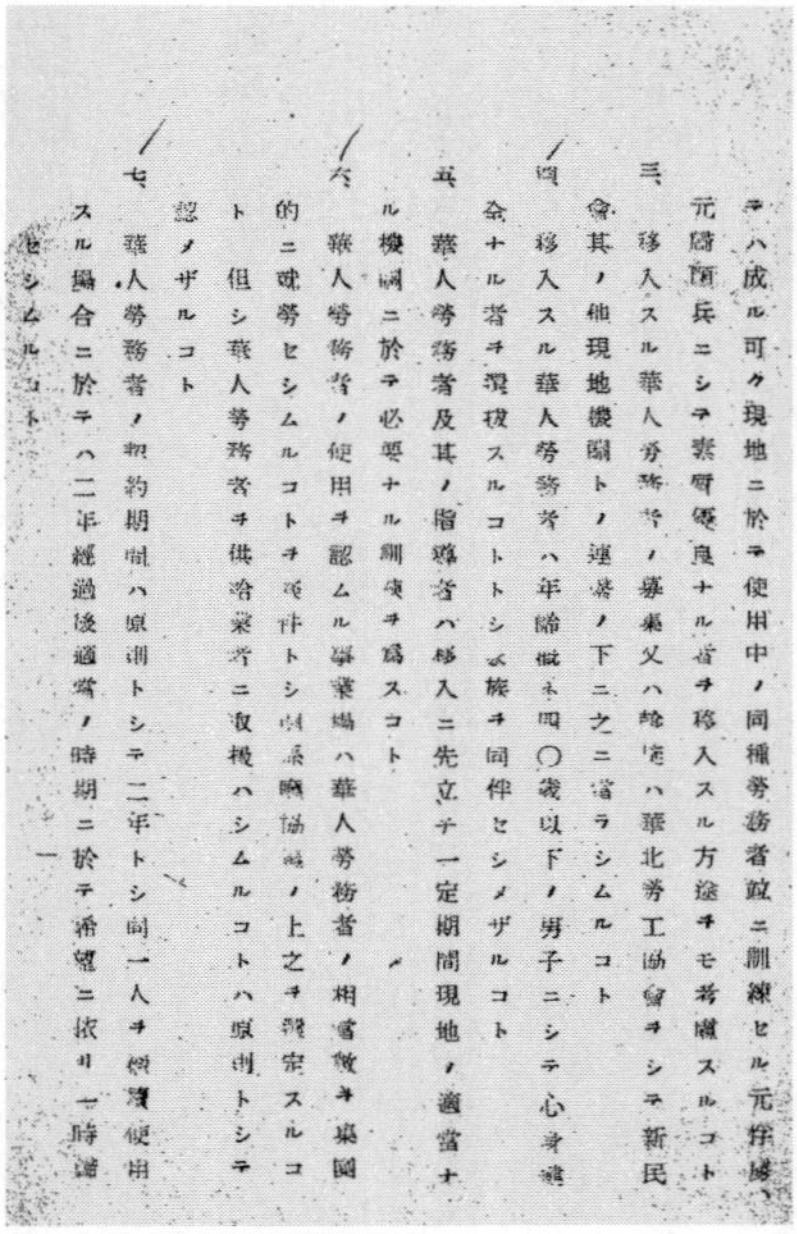

テハ成ル可ク現地ニ於テ使用中ノ同種労務者竝ニ訓練セル元俘虜、元帰順兵ニシテ素質優良ナル者ヲ移入スル方途ヲモ考慮スルコト

三、移入スル華人労務者ノ募集又ハ斡旋ハ華北労工協会ヲシテ新民会其ノ他現地機関ト連絡ノ下ニ之ニ当ラシムルコト

四、移入スル華人労務者ハ年齢概ネ四〇歳以下ノ男子ニシテ心身健全ナル者ヲ選抜スルコトトシ家族ヲ同伴セシメザルコト

五、華人労務者及其ノ指導者ハ移入ニ先立チ一定期間現地ノ適当ナル機関ニ於テ必要ナル訓練ヲ為スコト

六、華人労務者ノ使用ヲ認ムル事業場ハ華人労務者ノ相当数ヲ集団的ニ就労セシムルコトヲ条件トシ関係庁協議ノ上之ヲ選定スルコト但シ華人労務者ヲ供給業者ニ取扱ハシムルコトハ原則トシテ認メザルコト

七、華人労務者ノ契約期間ハ原則トシテ二年トシ同一人ヲ継続使用スル場合ニ於テハ二年経過後適当ノ時期ニ於テ希望ニ依リ一時[illegible]セシムルコト

一

●──「華労移入経過」　政府の中国人強制連行政策決定を示す史料。

一九四四(昭和十九)年二月、「華人労務者内地移入の促進に関する件」(以下「促進に関する件」と記す)が次官会議で決定された。この決定によって、中国人強制連行が本格的に推し進められることになった。また、「促進に関する件」は、「本格的移入」による中国人の人数を、毎年度の国民動員計画(①章)に計上することを定めた。一方、中国人強制連行の対象業種は、鉱業・荷役業・国防土木事業とされ、「試験的移入」のときとは異なり、工場雑役にかわって国防土木事業が重視されることになった。

そして実は、国防土木事業と荷役業は、一九四四年にはいり、とくに重要視されるようになった産業部門であった。実際、同年十月、厚生次官は各地方長官宛に「工場事業場勤労義勇隊《ぎゆうたい》設置に関する依命通牒《いめいつうちょう》」を発し、工場において早急に「勤労義勇隊」を組織し、それを土木建築と荷役部門に集中的に動員するよう指示している。軍需工場の労働者を割《さ》いてまで、土木建築・荷役部門における労働力の確保が急がれていた。あとで詳しく述べるが、中国人の「本格的移入」は、こうした事情を背景に実行された。

ただし、土木建築・荷役部門における労働力の確保が朝鮮人の強制連行によってなされなかったことは、これもあとで述べるように、一九四四年にはいり朝鮮人強制連行の供給源が急速に縮小していったためである。その意味で、中国人強制連行は、朝鮮人強制連行を補完するという側面をもっていた。

中国人強制連行の組織

強制連行された中国人は、三万八九三五人。これらの強制連行を担った組織は、華北労工《かほくろうこう》協会・日華労務《にっかろうむ》協会・華北運輸公司《かほくうんゆこんす》・福昌華工《ふくしょうかこう》会社などであった。以下、それぞれの組織について述べることにしよう。

まず、華北労工協会について。華北労工協会は、一九四一(昭和十六)年七月、華北政務委員会の指導と監督を受ける財団法人として、華北政務委員会と北支《シ》那《ナ》開発株式会社が資金を半分ずつだして設立された。同協会は当初、「満州《まんしゅう》」と華北における労働力の需要と供給を調整することが仕事であった。しかし、日本による中国人強制連行の本格的な実施にともない、華北労工協会は中国人強制連行組織に急速に変化していった。

華北労工協会によって「供出」された中国人の数は三万四七一七人で、被連行

▼華北政務委員会　「満州事変」後の一九三三(昭和八)年春、関東《かんとう》軍《ぐん》(日本の軍隊)が華北への侵略を開始し、北京《ペキン》・天津《テンシン》近くに迫ったことにともない、塘沽《タンクー》停戦協定が結ばれた。この協定によって設定された非武装地帯に設けられたのが華北政務委員会である。しかし、この委員会を取り仕切ったのは親日派であり、同委員会はしだいに日本政府の傀儡《かいらい》機関的な性格をおびるようになった。

▼北支那開発株式会社　一九三八(昭和十三)年三月に閣議決定され、設立された国策会社。資本金は政府とそれ以外の者が折半出資し、華北(中国北部)の経済「開発」を目的に、子会社として華北交通会社・華北電信電話会社・北支那発送電会社・北支那鉄鋼会社・北支那炭礦会社・北支那塩業会社などを擁した。

者総数(三万八九三五人)の八九%におよんだ。その点で、華北労工協会は、中国人強制連行の組織のなかでも最大の組織であった。

日華労務協会は、一九四四(昭和十九)年五月、伊藤幸太郎《いとうこうたろう》と西村末寿《にしむらすえじゅ》▲の二人が理事となり、資本金一〇万円(二人が五万円ずつ出資)で設立された社団法人である(本部は東京)。同協会が設立されたあと、伊藤は理事長として東京に在住し、大東亜《だいとうあ》省▲の嘱託となり、西村は理事として上海《シャンハイ》に在住し、上海事務局長として上海日本大使館との連絡にあたった。このように、伊藤と西村の二人からなる日華労務協会が、大東亜省や上海日本大使館など権力の中枢にもぐることができたのは、日本政府じしんが、華北ばかりでなく、華中からの中国人強制連行をも求めていたからであった。

したがって、日華労務協会の活動は、華中《かちゅう》を中心に強圧的な手段によって「募集」を行い、中国人を駆き集めることにあった。日華労務協会によって「供出」された中国人の数は一四五五人で、被連行者総数の四%を占めた。

華北運輸公司は、北支那開発会社の関係会社である。敗戦時の一九四五(昭和二十)年八月現在、日本側の投資額二億円、日本人職員三三〇〇人、中国人

▼**西村末寿**　戦時期、上海で福記洋行《ようこう》という企業を経営し、財閥系商社と強い結びつきがあった。

▼**大東亜省**　アジア太平洋戦争期の台湾・朝鮮・樺太《からふと》をのぞく植民地・占領地・従属地を統治する中央機関。外務省の多くの事務も引き継ぐ形で、一九四二(昭和十七)年十一月に設置された。

職員三〇〇〇人、中国人労働者四万五〇〇〇人という、北支那開発関係会社六四社のなかで第二位の規模を誇る運輸会社である。華北運輸が「供出」した中国人は、すべて同社の常用労働者で、日本の港湾荷役会社に連行された。その数は一〇六一人で、被連行者総数の三%にあたる。

中国人強制連行は「満州」(関東州《かんとうしゅう》)からも行われた。それを担ったのは福昌華工会社である。同社は所在地が大連《だいれん》で、満鉄《まんてつ》(南満州鉄道)の傘下にあり、荷役労働を主要な業務とする会社である。同社が「供出」した中国人の多くも、同社の常用労働者で、日本の港湾荷役会社に連行された。その数は一〇二〇人で、被連行者総数の三%を占めている。

出身地・年齢と「前歴」

強制連行された中国人の出身地は、それがわかる三万四一七二人についてみると(次ページ地図参照)、河北《かほく》省が一万六八〇七人(三万四一七二人の四九%)、山《さん》東《とう》省が九〇四三人(同二六%)、河南《かなん》省が四三二六人(同一三%)、江蘇《こうそ》省が一〇四六人(同三%)、その他一九五〇人(同九%)である。河北省・山東省の出身者が

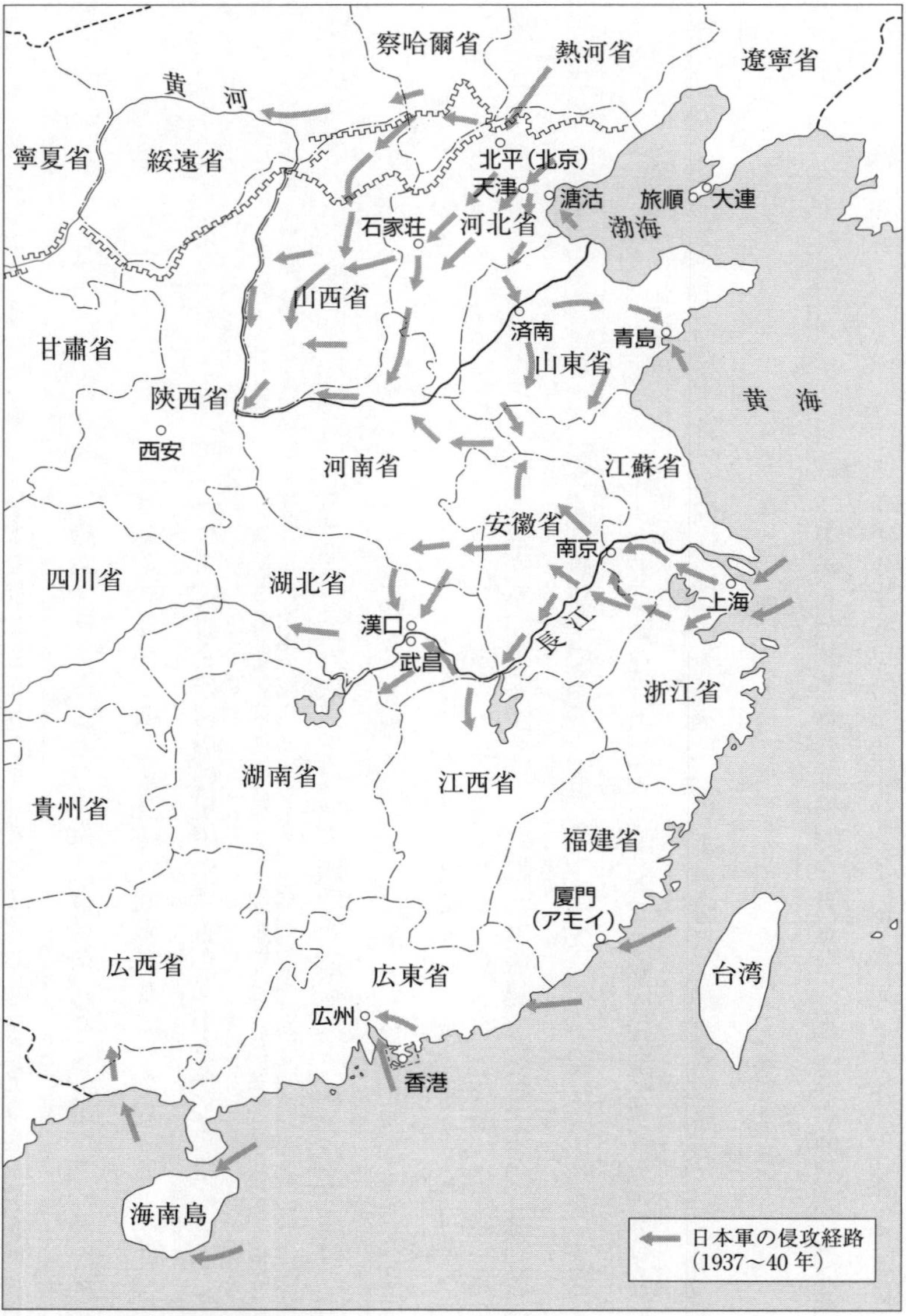

●──1937～40年時の中国

全体の七五%を占めているのは、これら華北の地域が華北労工協会の最大の活動地盤であったことや、華北運輸公司がこの地にあったためである。河南省・江蘇省の華中出身者の比率が比較的少ないのは、華北労工協会と比べた場合、日華労務協会の組織の規模がはるかに小さかったためであった。

つぎに、被連行中国人の年齢構成を、それがわかる三万七一九人についてみると、一九歳以下は二七四〇人(七%)、二〇～二九歳は一万七〇四四人(四五%)、三〇～三九歳は一万六〇六人(二八%)、四〇～四九歳は五五六一人(一五%)、五〇歳以上一七六八人(五%)である。被連行中国人の年齢は、二〇～二九歳がもっとも多く、これに一九歳以下を加えると、被連行中国人の五二%が二九歳以下である。

一方、被連行中国人の中国での家族状況(独身か家族持ちか)を、それがわかる二万四一五八人についてみると、独身者は一万三二〇人(二万四一五八人の四三%)、家族持ちは一万三八三八人(同五七%)である。

中国人強制連行の本格的な実施を決定づけた前記「促進に関する件」は、連行の対象者を「なるべく年令三十才以下の独身男子」と規定している。うえに述べた年齢構成や家族構成の特徴は、政府が求めたものが被連行中国人のほぼ半数でしか実現しなかったことを示している。

それではつぎに、以上のような被連行中国人はどのような「前歴」をもっていたのだろうか。その点をみることにしよう。「前歴」がわかる被連行中国人数は、一万三五九二人である。その内訳は、大別すると「軍人」三六四一人（一万三五九二人の二七％）、「俘虜《ふりょ》」一八七八人（同一四％）、「囚人」九三三人（同七％）、「一般人」六九三六人（五一％）、その他二〇四人（二％）である。

さらにその内訳をみると、「軍人」のうち、共産軍・八路《はちろ》軍▲・新四《しんし》軍・新五《しんご》軍など中国共産党の軍人は七四七人で「軍人」全体（三六四一人）の二一％、中央軍・重慶《じゅうけい》軍など国民政府▲の軍人は八〇五人で「軍人」全体の二二％を占めている。「軍人」のなかでもっとも多いのは、日本軍が創設した親日中国人部隊である保安隊である。その数は九八八人で「軍人」全体の二七％におよんでいる。中国人をまず保安隊として組織し、そのまま日本へ連行した可能性が高い。そのほかは、軍隊名がわからない軍人七二四人（「軍人」全体の二〇％）、帰順《きじゅん》兵（降伏した兵士）三〇六人（同八％）などである。

▼**八路軍**　アジア太平洋戦争期における中国共産党指導下の軍隊。正式な名称は、中国国民革命軍第八路軍。一九三七年に誕生した。一一五・一二〇・一二九師団の三つの師団からなり、おもに華北地域で軍事活動を展開した。

▼**国民政府**　一九二五年七月、第一次国共合作《こっきょうがっさく》（中国国民党と中国共産党の提携・協力）によって中国国民党が広州《こうしゅう》で樹立した政府。一九二七年一月、国民政府は武漢《ぶかん》に移転。同年三月、上海・南京《ナンキン》を占領した蔣介石《しょうかいせき》は四・一二クーデタを起こして南京国民政府を樹立し、武漢国民政府を吸収した。アジア太平洋戦争期、日本軍による南京占領のあいだ、国民政府は重慶に移った。

前歴が「軍人」の内部構成は以上のとおりであるが、「帰順兵」という言葉がよく示しているように、「前歴」が「軍人」のすべては、俘虜として日本へ連行された者である。そう考えれば「俘虜」の人数は「軍人」とあわせて五五一九人、全体（一万三五九二人）の四一％を占めることになる。

一方、「一般人」の多くは農民であり、戦時下で身柄を拘束された人びとである。これら「一般人」も俘虜と考えれば、被連行中国人の圧倒的多数は、さまざまな形をとっているものの、俘虜と考えていいだろう。

「移入」中国人の産業別・企業別構成

被連行中国人は、前に述べた次官会議決定「促進に関する件」に従い、鉱業・荷役業・国防土木事業などに投入された。その「雇用主」は三五社、「移入」配置事業場数は一三五事業場にのぼった。

その産業別構成は、以下のとおりであった。鉱業一五社・四七事業場・被連行中国人数一万六三六八人（被連行中国人総数の四二％）、土木建築業一五社・六三事業場・被連行中国人数一万五一五三人（同三九％）、港湾荷役業一社・二一事業場・被連行中国人数六〇九九人(同一六%)、造船業四社・四事業場・被連行中国人数一二一五人(同三%)。土木建築業と港湾荷役業における被連行中国人の多さが、朝鮮人強制連行と比較した場合の、中国人強制連行の特徴であった。その理由は前に述べたとおりである。

つぎに、被連行中国人の企業別構成をみることにしよう。

まず、鉱業で、被連行中国人数が多い上位六社を多い順に示すと、

(1)三井《みつい》鉱山(五五一七人)、(2)三菱《みつびし》鉱業(二七〇九人)、(3)日鉄《にってつ》鉱業(一七九三人)、(4)北海道炭礦汽船《たんこうきせん》(一三一一人)、(5)日本鉱業(一三〇五人)、(6)井華《いか》鉱業(一一九四人)

である。

鉱業部門で中国人を多数連行した企業は、三井財閥《ざいばつ》系の三井鉱山・北海道炭礦汽船、三菱財閥系の三菱鉱業、日産《にっさん》財閥系の日本鉱業、住友《すみとも》財閥系の井華鉱業であり、財閥系企業が多数を占めている。この点は、朝鮮人強制連行の場合と同じである。ただし、三菱鉱業の一部と日鉄鉱業・日本鉱業・井華鉱業は金属鉱業であり、上位七位以下の企業の多くも金属鉱業である。鉱業部門への中

●—中国人強制連行賠償訴訟で問題となったニッケル鉱山の乾燥場跡地に残る煙突(京都府与謝野町滝《たき》)

国人強制連行は、朝鮮人強制連行の場合とは異なり、金属鉱業への連行の比率が高かったことが、大きな特徴である。

つぎに、土木建築業において、被連行中国人が多い上位六社を示すと、(1)川口《かわぐち》組(二六六〇人)、(2)鹿島《かじま》組▲(一八八八人)、(3)地崎《ちざき》組(一七四一人)、(4)熊谷《くまがい》組(一七〇五人)、(5)鉄道工業(一六〇八人)、(6)間《はざま》組(九八二人)である。

朝鮮人強制連行の場合とは異なり、川口組・鹿島組・地崎組・鉄道工業が、あらたに中国人を多数連行している。これら土建企業が使役した被連行中国人の労働は、発電所建設・飛行場建設・地下工場建設・鉄道港湾建設・工場建設、鉱業と関連する土木事業などであった。

港湾荷役業における被連行中国人は、運輸通信省から委任された日本港運業会が、一手で引き受けている。日本港運業会は、主要な港、二一港(事業所)に「華工管理事務所」を設け、そこへ被連行中国人を送り出している。いま、被連行中国人が多い上位六位までの「華工管理事務所」をあげると、(1)神戸華工管理事務所(九九六人)、(2)伏木《ふしき》華工管理事務所(八六五人)、(3)新

▼**鹿島組**　一八四〇(天保《てんぽう》十一)年、鹿島岩吉が江戸で大工棟梁《とうりょう》となり、その息子の岩蔵が一八八〇(明治十三)年鹿島組を創立。鉄道工事請負業者として発展し、一九一〇(明治四十三)年ごろ総合土木請負業者としての地位を確立した。一九三〇(昭和五)年、株式会社に改組された。

潟華工管理事務所(八〇五人)、(4)広島華工管理事務所(六四二人)、(5)東京華工管理事務所(四七七人)、(6)大阪築港華工管理事務所(四六一人)である。

抑圧的・暴力的労務管理

それでは、以上述べたような産業・企業に強行連行された中国人は、どのような労務管理のもとで強制労働を強いられたのだろうか。

被連行中国人に対する労務管理の第一の特徴は、それが警察による厳重な管理・取締りのもとにおかれていたことである。この点について、貝島《かいじま》炭礦㈱大《おお》之浦《のうら》炭鉱、三菱大夕張《おおゆうばり》鉱業所の史料は、それぞれ、「労務管理上、おおむね指導的立場に立ったのは警察官である」、「事業場は、所轄箱崎《はこざき》警察署の指示を仰《あお》いで行動した」と述べている。こうした管理・取締りは、多くの事業場で警察官が常駐することによって可能になった。

警察による管理・取締りは、しばしば労働の現場にまでおよんでいる。この点は、土木建築業の事業場において、とくに著しかった。実際、事業場の史料は、「華労《かろう》（中国人労働者—筆者）移入後は、瀧川《たきがわ》警察署の指導の下《もと》に就労」（川口組上砂川《かみすながわ》出張所）、「八雲《やくも》警察署国縫《くんぬい》駐在所乙《おつ》巡査と長崎巡査は共に、華人労務者の就労管理状況の取締に任じた」（荒井《あらい》合名会社国縫事業場）、「労務管理は主として警察官吏が掌握し、事業場側は警察官の指揮命令下にあり、きわめて小範囲に於《お》いて華労の指導・管理にあたった」（鹿島組御嶽《おんたけ》出張所）などと記している。

労務管理の第二の特徴は、強制労働の内容に属する事柄である。すなわち、事業場の諸史料は、中国人の労働には休息時間がなかったこと、休日がなかったこと、仕事が終了するまで労働時間が延長されたことなどを記している。戦争末期の作業は、ほとんどが「突貫工事」であったため、こうした強制労働は多くの事業場で実施された。

労務管理の第三の特徴は、これも強制労働の内容に関する事柄である。すなわち、労働によって身体に傷害をもった者や、病人や、栄養失調者など、さまざまなハンディキャップをもった者も、それがとくに重篤《じゅうとく》でないかぎり、強制労働に駆り立てられた。

以上の第一から第三までの特徴としてあげた労務管理を実行するために、頻繁に暴力がふるわれた。その際の道具は、多くの場合、棍棒《こんぼう》であった。棍棒をどのように使用したかについて、三菱大夕張鉱業所の状況を目撃した小松田哲《こまつだてつ》司《じ》は、「監視人たちは、棍棒をふるって、手当り次第に中国人をたたきのめした。あまりの悲惨さに、最初は目をそむけていた私たちだったが、毎日々々必ずくりかえされるので、しまいにはまったく無感覚になってしまった」と述べている。また、三岳《みたけ》村というところで灸《きゅう》診療を営んでいた荒川学林は、「警官や現場監督が長さ一メートル、直径九ミリくらいの鉄の棒で中国人をなぐるのをみたが、人のみていないところでは殺したこともありうると思う」と証言している。

そして、こうした暴力によっても働かない(働けない)中国人は、懲罰収容所に送られた。懲罰収容所とは、野村《のむら》鉱業伊屯武華《いとむか》鉱業所の下請として水銀鉱の採掘に従事した地崎組北海道の第一華人収容所である。この懲罰収容所の取締りは、外事《がいじ》警察の指示を受け、北見《きたみ》警察署伊屯武華巡査部長派出警察官があたった。ここに収容された中国人は、「元《もと》より作業目的に非ず」とされ、徹底した懲罰が科せられた。

労務管理の第四の特徴は、生活の面はもちろん労働の面でも、被連行中国人が日本人・朝鮮人と接触することを禁止したことである。この点は、前に述べた「促進に関する件」のなかでも指示されている政府の方針であった。それは、すでに述べたように、朝鮮人は「同化《どうか》」政策の対象とされ、中国人は「敵国人」として徹底して「異化」の対象とされたこと、中国人と朝鮮人という被抑圧民族の連帯に対する政府・事業場の恐怖心の二つの要因に基づくものであった。

第五の特徴は、右に述べたことと関連するが、すでに述べたように、朝鮮人に対しては「同化」政策の一環として日本語教育が重視されたのに対し、中国人には日本語教育を禁止ないし制限したことである。日本語を教えるにしても、それは数字と作業用語に限定するというのが、事業場の方針であった。一つの事例であるが、別子《べっし》鉱業所▲は、中国人の逃亡を防ぐために、地理を知らすな、金をもたすな、日本語を教えるな、といった規則をつくっている。

賃金

それでは、以上のような労務管理のもとで強制労働を強いられた中国人の賃

▼**別子鉱業所**　愛媛県宇摩《うま》郡別《べっ》子《し》山《やま》村（現、新居浜《にいはま》市）にあった別子銅山を営業する鉱業所。別子銅山は一六九一（元禄《げんろく》四）年の開坑から住友家（泉屋《いずみや》）が一貫して経営し、明治期にはいり、設備の近代化とともに採掘量は飛躍的に増加した。住友の財閥化の基礎をつくった。

金は、どうなっていたのだろうか。

中国人に対する賃金について、政府は強制連行開始直後は「別に定める所に依る」としていたが、それが正式に定められたのは、一九四四(昭和十九)年十二月のことである。「華人労務者賃金基準」がそれである。この「賃金基準」によれば、中国人の一般労働者の賃金は、ひと月一〇円程度、中国人幹部労働者の賃金はそれに割増しするというものであった。しかし、これは文字どおり基準であって、実際には業種や事業場によって中国人の賃金は異なっていた。

また、右の「賃金基準」は一九四五(昭和二十)年二月、「華人労務省給与規定要綱」の制定によって改正された。この「規定要綱」は、職種や技能などに一切関係なく、中国人の賃金は一律に一人一日五円と大幅に引き上げた。さらに、「規定要綱」は、実際の賃金と日給五円とのあいだに差額が生じた場合は、その差額・不足額は国庫で負担するとし、日給五円への引上げは、中国人強制連行が本格化した一九四四年四月にまでさかのぼって実施するとした。

こうした中国人の賃金の大幅な引上げは、日本の敗戦色が濃厚になってきた一九四五年二月に決定されたことに示されるように、もし敗戦になった場合でも、中国人の労働には「正当」な対価が支払われていたと弁明できるような、敗戦時対策の一つとして決定されたように思われる。

しかし、重要なことは、「賃金基準」のときも、「規定要綱」のときも、中国人の賃金の支払いは、帳簿上の計算のみで、ほとんどが郵便貯金や会社積立金などに移しかえられていた。それは、内務省—警察が、おそらく逃亡防止のためであろう、中国人への現金支給を禁止していたからであった。

劣悪な生活状態

被連行中国人への食糧(主食)配給基準は、政府(農林省)・道県当局・華北労工協会によって決められ、一人ひと月当り小麦粉二二キロ・雑穀八キロと定められた。この合計三〇キロのうち、政府が保証する基準は一人一カ月二二キロであり、残りの八キロは事業場の責任で確保するものとされた。

しかし、事業場の責任で残りの八キロを確保することは、必ずしも容易ではなかった。また、政府保証の二二キロの配給も、敗戦が押し迫り食糧事情がいよいよ窮迫するなかで、しだいに実現することがむずかしくなってきた。

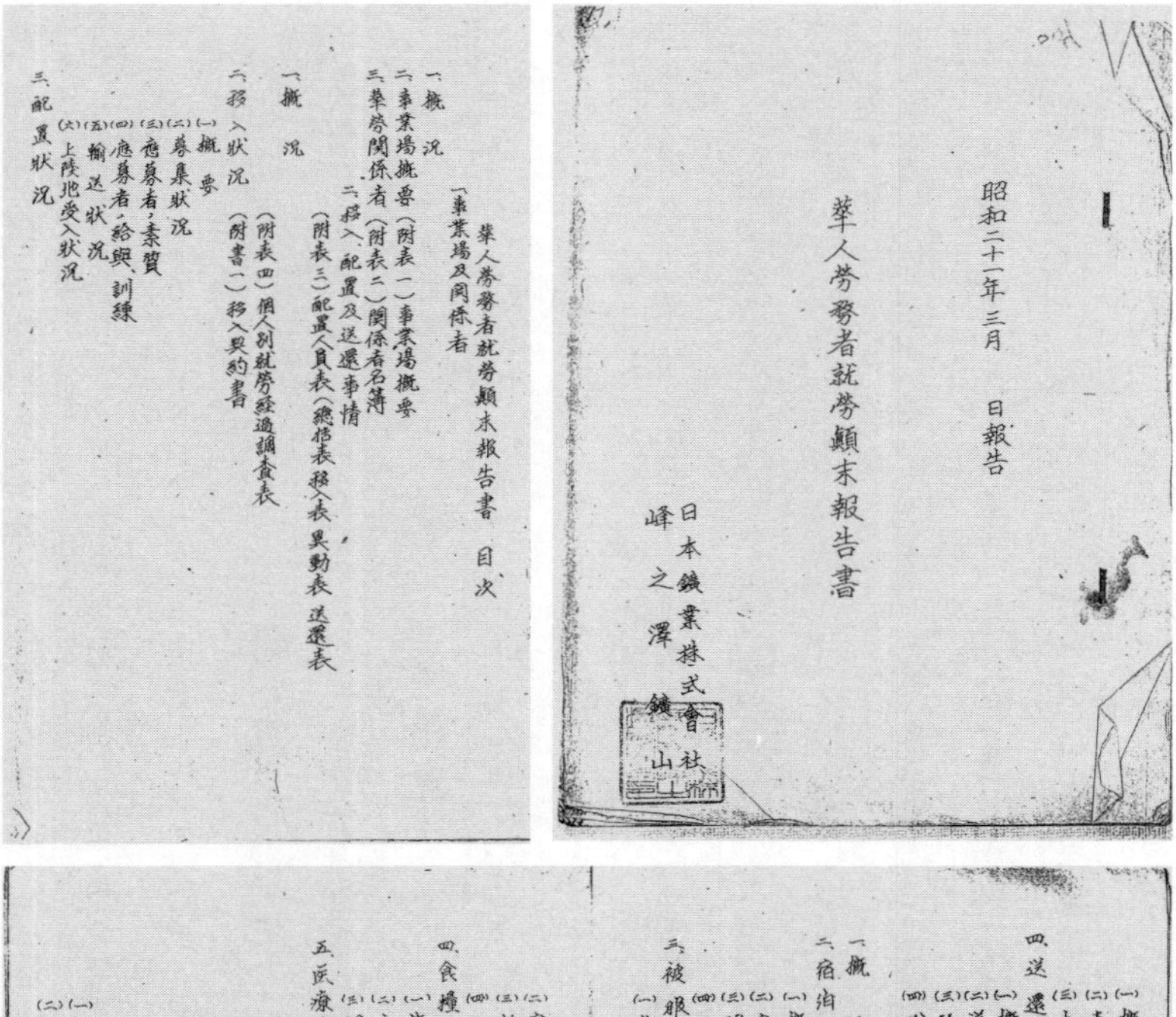
昭和二十一年三月　日報告
華人労務者就労顛末報告書
日本鉱業株式会社
峰之沢鉱山

華人労務者就労顛末報告書　目次
一、事業場及関係者
一、概況
二、事業場概要（附表一）事業場概要
三、華労関係者（附表二）関係者名簿
二、移入、配置及送還事情
（附表三）配置人員表（総括表 移入表 異動表 送還表）
一、概況
二、移入状況　（附表四）個人別就労経過調査表　（附書一）移入契約書
(一)概要
(二)募集状況
(三)応募者ノ素質
(四)応募者ノ給与、訓練
(五)輸送状況
(六)上陸地受入状況
三、配置状況
(一)概要
(二)事業場受入状況
(三)中間異動状況
四、送還状況
(一)概要
(二)送還時給与状況
(三)輸送状況
(四)残留状況
三、受入施設及関係事情
一、概況
二、宿泊施設
(一)概要
(二)宿泊施設
(三)暖房施設
(四)燃料事情
三、被服事情（附表五）被服支給状況
(一)概要
(二)寝具
(三)被服
(四)雑貨
四、食糧事情（附表六）食糧支給量
(一)概要
(二)支給状況
(三)調理
五、医療衛生事情（附表七）疾病統計
（附表八）傷害統計
（附表九）死亡者調書
（附書二）死亡顛末書及死亡診断書綴
（附表一〇）不具廃疾者調書
（附書四）不具廃疾顛末書綴
（附表一一）公傷病者調書
（附書三）公傷顛末書綴
(一)概要
(二)医療衛生施設

●──「華人労務者就労顛末《てんまつ》報告書」（日本鉱業株式会社）　中国人が連行された事業場ごとに同様の「顛末報告書」が1946（昭和21）年３～４月に作成されている。

　したがって、中国人にとって食糧は絶対的に不足するとともに、食糧の質も劣悪なものであった。じじつ、神奈川県の熊谷組与瀬《よせ》ダム建設に、学徒動員で使役されていた元早稲田第二高等学院の学生・引率教師たちは、「中国人の食糧状態はきわめてわるく、当時の日本人に比して問題にならぬ程少なく、しかもその少ない食糧の質はきわめて悪かった」と証言している。また、間組戸寿《ことぶき》出張所へ連行された中国人の大隊長孫憲延《そんけんえん》は、「御嶽現場に於ては食糧不足、医療の欠乏、その困苦は非常のものであった」と回想している。

　食糧の劣悪さを示すものは、中国人の多くに支給されたマントウと呼ばれた饅頭《まんじゅう》であった。戦時中、日鉄二瀬潤野《ふたせうるの》坑にいた坂井文児《さかいぶんじ》が中国人係よりみせてもらったマントウは、「一握りの小さなそして中までレンガ色のもので、ボソボソした感じで、当時の食糧事情の極端に悪かった時でも、とても口にする気のおきるものではなかった」という。

　以上のような食糧不足は、しばしば、日本人職員による食糧の横流しによって、いっそう深刻なものとなった。この点について、政府の一調査報告は、「事業場の労務係や倉庫係が配給された食糧を〝余禄(ヨロク)〟という言葉で公然とかすめとり、横流しした。なけなしの少ない配給を、しかも着服し横流しした結果はどうなるか。フスマ（小麦を粉にするときにでる皮のクズ—筆者）やヌカが大部分の黒い小さな『マントウ』になったのは当然である」と記している。

したがって、中国人はつねに空腹であった。それは、あとで述べる中国人の逃亡の一つの重要な原因となった。たとえば、日本鉱業大江《おおえ》鉱山の史料は、「昭和十九（一九四四）年七月、同山より数名の中国人逃亡事件が発生し、ただちに取抑《とりおさ》えたが、逃亡者の各人が異口同音《いくどうおん》に訴えたことは『どうせいずれは自分等は殺される、だから一度でいいから腹一杯食べて死にたい』との極めて単純な動機から逃亡した事実を考えると、当時の食糧不足は相当深刻であった」と記している。

中国人の食糧事情は以上のとおりであるが、衣服もまた不足し、劣悪であった。戦時中、国内における繊維製品の生産量は急速に減少し（繊維工場の軍需工場への転換が原因）、事業場は満足な量の衣服を確保することができなかった。したがって、中国人の一部は、裸同然の体《てい》をなしていた。じじつ、室蘭《むろらん》第三華工管理事務所は、「衣服に対しては、中国人移入当時、ほとんど裸に等しい状態であった」と述べている。また、新潟港湾付近の住民は当時の状況を、「中国人の多くはほとんど衣類をまとっておらず、南京《ナンキン》袋・米俵など身にまとい、あらなわをベルト代用に使っておりました。吹雪の日も雨具《あまぐ》も外套《がいとう》もなく、素足《すあし》でトロッコを押しておりました」と証言している。

かろうじて衣服をまとっていても、その衣服はみるも無残なものであった。一九四五(昭和二十)年四月、鹿島組御嶽出張所から群馬県内の藪塚《やぶづか》出張所へ二八〇人が配置替《が》えされたときのようすを、高崎《たかさき》駅で目撃した轟藤十郎《とどろきとうじゅうろう》は、「彼らは白い薄い毛布を一枚ずつ肩にかけていたが、服装はボロボロで、東京の乞食《こじき》(原文のママ―筆者)よりひどいかっこうだった」と語っている。また、王《おう》滝《たき》村というところで間組の炊事をしていた後藤まさは、当時のようすについて、「そのころの中国人の着物はみじめなもので、ズボンはヒザまで切れて、なかには寒中ハダシで歩くものも少なくなかった」と語っている。

さて、それではつぎに、被連行中国人が収容された宿舎・寮は、どのようなものだったのだろうか。これも、食糧や衣服と同じように、きわめて劣悪なものであった。それは、一言でいえば、窓が非常に少なく、そのため採光・通風が悪く、天井もきわめて低かった。宿舎・寮の全体も狭隘《きょうあい》で、雨露をしのげないほど、ぞんざいにつくられていた。

実際、鹿島組花岡《はなおか》出張所の中国人寮、「中山寮」は、窓らしい窓もない掘立小屋《ほったてごや》であったし、三菱美唄《びばい》鉱業所の中国人寮、「大和寮《やまと》」も掘立小屋であった。港湾荷役業では、たとえば神戸華工管理事務所の場合、「海岸宿舎」と名づけられた海岸の倉庫に筵《むしろ》をしいて、中国人を押し込めていた。

以上のような中国人宿舎・寮の劣悪さは、戦時期の建材不足から余儀なくされただけでなく、警察の具体的な指示によるところが、大きかった。すなわち、窓が非常に少ないこと、天井がきわめて低いことなどは、「敵国人」である中国人の逃亡防止や防諜《ぼうちょう》など、治安取締りの観点から、警察が具体的に指示した点であった。

警察が関与したこうした中国人宿舎・寮の劣悪な構造は、採光・通風が悪く、雨露をしのげないことなどからわかるように、宿舎・寮の内部をきわめて不衛生な状態にした。

以上述べた食糧・衣服・住居の劣悪な生活条件は、つぎにみる中国人の死亡・疾病の一つの重要な要因となった。

死亡と疾病

本書ではふれなかったが、中国人の苛酷な連行過程と、うえに述べた強制労働、劣悪な生活状態によって死亡した被連行中国人は六八三〇人、被連行者総数(三万八九三五人)の実に一七・五%におよんだ。被連行中国人の六人弱に一人の割合で死亡したこととなり、驚くほど高い死亡率であった。業種別では、土木建築業と鉱業における死亡率が高く(両者とも一九%前後)、港湾荷役業における死亡率は比較的低かった(一二%)。

企業別の死亡率をみると、死亡率がもっとも高い企業は戦線鉱業で五二%、以下、古河鉱業四二%、宇部興産三四%、川口組三〇%、鹿島組二九%、日本鉱業二五%、伊藤組二五%、北海道炭礦汽船二四%、井華鉱業二三%、鉄道工業二三%の順となっている。死亡率の高い上位一〇企業は、いずれも土木建築業と鉱業である。

また、被連行中国人を多数使役している企業ほど、死亡率が高かった。これは、被連行中国人が多い企業ほど、食糧・衣服の調達は困難をきわめ、宿舎・寮の環境も劣悪であったと考えられること、また中国人の多い企業は数次にわたって中国人を連行しているため、一九四四(昭和十九)年十月ごろの連行から顕著となった中高年層中国人を比較的多数含んでいたことなどによるものと考えられる。

被連行中国人の死亡で重要なことは、日本の敗戦以降も多数の死亡者をだしていることである。一九四五(昭和二十)年九月から四六(同二十一)年三月までの死亡者数は五七五人、中国人死亡者数合計の八%におよんでいる。この事実は、戦時中、病人も強制労働に駆り立てられ、敗戦後になって死亡するにいたったことを示唆している。

死亡の原因は、九四%が病気によるものであった。中国人を死にいたらしめた病気は、赤痢《せきり》・大腸カタル・肺結核などの伝染病、肺炎・気管支炎などの呼吸器病、心臓麻痺《まひ》・その他の心臓病などの循環器・血液血管病、胃腸の潰瘍《かいよう》・腹膜炎などの消化器病、栄養失調症・脚気《かっけ》などの低栄養病などであった。

中国人死亡の原因は以上のように分類できるものの、以上の病気の基礎には、等しく栄養失調・低栄養状態と不衛生な状態が存在した。たとえば伝染病の場合、衛生状態の悪いところで病気にかかり、これに栄養失調・低栄養状態が加わると、免疫力が急速に低下し、伝染病の重症化・蔓延化が進行し死にいたる。そのほかの内臓疾患も栄養失調・低栄養状態が強くかかわっている。こうした栄養失調・低栄養状態と不衛生な状態による病気の発症は、中国人強制連行の進展とともに中高年者が多くなることによって、いっそう強められた。

以上のように、食糧不足による栄養失調・低栄養状態と、事業場の宿舎・寮の不衛生な状態、それに中高年者の比率の増大、これらがあわさって中国人の多数の病死を招いたのである。

それからもう一点、中国人の高い死亡率をもたらした要因として、医療施設の貧困をあげることができる。中国人が連行された事業場の多くには、医療施設がないか、あったとしても医師・医薬品が決定的に不足していた。医療施設があったとしても、医師・医薬品が決定的に不足しているという事態は、単に事業場の問題だけでなく、事業場所在地の県警察による規制があった。じじつ、井華鉱業別子鉱業所は、「中国人患者の通院と重症患者の入院治療は、県警察当局の指示により禁止され、実行することができなかった」と述べている。また、鹿島組花岡出張所の中国人九七九人中八一%の七九七人は病人であったが、中国人の病人が花岡病院に入院することは、警察の規制によって禁止された。この点について当時の医師、大内正《おおうちただし》は、「県(秋田県—筆者)警察特高《とっこう》課《か》より防《ぼう》諜《ちょう》の関係上、入院させてはならないと通達があった」と述べている。

被連行中国人に対する警察の関心は、もっぱら治安取締りにあり、労働力としての中国人の健康状態には、警察はほとんど関心がなかった。こうした事情が、中国人の死亡率を高めた一つの重要な要因であった。

それではつぎに、疾病のほうはどうだったのだろうか。被連行中国人の罹《り》病《びょう》率《りつ》は、全体では一五一・四%で、強制連行が始まってから日本の敗戦までの一年三カ月余りのあいだに、中国人は一人平均で一・五回以上病気にかかった。業種別では、鉱業がもっとも高く一九七%、土木建築業は一三一%、港湾荷役業は七九%となっている。

疾病の内容を、疾病者数の多い上位一〇の病名をあげてみると、次のとおりである。

(1)疥癬《かいせん》(一万三九〇〇人、疾病者延べ総数の一二四%)、(2)胃炎・腸炎(八六〇〇人、同一五%)、(3)感冒《かんぼう》(七一〇〇人、同一二%)、(4)潰瘍・腫瘍《しゅよう》(四三〇〇人、同七%)、(5)肺炎(二一〇〇人、同四%)、(6)大腸カタル(二〇〇〇人、同三%)、(7)結膜《けつまく》炎(二〇〇〇人、同三%)、(8)気管支炎(一九〇〇人、同三%)、(9)花柳《かりゅう》病(一九〇〇人、同三%)、(10)トラホーム(一三〇〇人、同二%)

以上一〇の病気による疾病者だけで、疾病者延べ総数の七六%を占めている。また、中国人の死亡原因となった病気と比べると、皮膚病(疥癬・潰瘍・腫瘍)、感冒、結膜炎、トラホームなどの病気が多いことが、特徴である。

以上の疾病の原因も、栄養失調・低栄養状態と不衛生な状態が強く影響している。たとえば、疾病で群をぬいて多い疥癬も、栄養失調・低栄養状態のもとで、人間が密集するような不衛生なところ(中国人宿舎・寮など)では、またたく間《ま》に急速に広がっていく。感冒も、不衛生な状態のもとでは、いっそう発症しやすい。結膜炎・トラホームなどの眼病も、栄養失調・低栄養状態によるビタミンの欠乏がそれを促進する要因となっている。

以上のように、疾病についても、死亡と同じように、栄養失調・低栄養状態と不衛生な状態がその根本の原因であった。強制労働と、さきに述べたような警察による医療の規制が、疾病を拡大したことは、いうまでもない。

④──「動員と強制連行」の破綻──「帝国」日本の敗戦へ

労働力動員の破綻

最後に、①章から③章までで述べた労働力動員と強制連行の体制が、戦争末期になっていかに破綻し、「帝国」日本の敗戦にいたったかを、考えることにしよう。

戦時期日本の労働力動員の特質は、次の二点にあった。一つは、日本の労働力動員が、家父長的《かふちょうてき》家族制度(家長による「母性」支配→労働力動員の対象からの既婚女性の除外)と、農業労働の機械化(省力化)を制約する零細農業(→食糧増産のための農業労働力の大量確保)という、伝統的な社会経済的関係の制約を受けつつ、展開されたことである。もう一つは、これらの制約を解決するために、学徒(新卒者・在学者)や、中小商工業の転廃業者が大量に動員されたことである。

しかし、戦争末期になると、こうした特徴をもつ労働力動員の体制を維持することが著しく困難になった。労働力動員のための新規の供給源が、ほとんど皆無の状態となったからである。そのことは、一九四五(昭和二十)年度の国民動員計画の策定中止となってあらわれた。

こうした状況のなかで、政府は一九四五年三月臨時閣議を開き、「決戦勤労動員実施に関する件」を決定した。それは、労働力動員の重点を、⑴国土の要《よう》塞《さい》化、疎開《そかい》の徹底、防備・防空施設の建設、⑵食糧の増産、⑶航空機・特攻《とっこう》兵器・地上兵器など「決戦兵器」の生産、⑷甘藷《かんしょ》（さとうきび）、松根油《しょうこんゆ》（松の枝・根からとる樹脂）、石炭、アルミニウムなど燃料および原料の確保、⑸輸送の増強の五点にしぼり、国民労働力の総動員を期したものであった。しかし、この閣議決定は、まず最初の第⑴項、第⑵項でそれぞれ国土の防衛、食糧の増産をうたっていることに示されているように、もはや軍事的生産力を拡充するための労働力動員をおもな目的とするものではなかった。

その意味で、この閣議決定は、労働力動員の面からする「帝国」日本の敗北宣言に等しいものであった。

朝鮮人強制連行体制の崩壊

一九四四（昭和十九）年にはいると、朝鮮内部の労働力供給源は枯渇し、従来の方法(官斡旋)だけでは強制連行を遂行することは、しだいにむずかしくなった。そのため朝鮮総督府は、同年九月、朝鮮にも国民徴用令《こくみんちょうようれい》を適用することとし、同令による強制連行政策を推し進めることになった。

しかし、国民徴用令による強制連行も、はかばかしく進展しなかった。この点について、北海道炭礦汽船《たんこうきせん》幌内《ほろない》鉱業所は、「国民徴用令による半島人《はんとうじん》労務者の移入実施以来、その送出成績は低調となった」と述べ、「半島が炭礦に対して絶対支配的供給源であると考えることは不可能となりつつある」と結論づけている。福岡県もその行政文書のなかで、これと同じように、「半島自体においては労務者の供給源はいちじるしく枯渇し、そのために、募集(連行―筆者)も必然的に無差別的になることを余儀なくされている」と記している。また、北海道炭礦汽船釜山《プサン》駐在員は、一九四五(昭和二十)年四月勤労部労務課長宛に、「四月割当五〇〇名の輸送につきましては、前回以上の送出実績をあげるように努力してきましたが、本日の引き継ぎは予想外の不成績となり、唖然《あぜん》とするものがあり、まことに遺憾であります」と書き送っている。

以上のような供給源の枯渇による強制連行の困難化と、すでに述べた一九四四年における被連行朝鮮人による帰還要求争議の多発(北海道)、逃亡者の急増(福岡県)とによって、朝鮮人強制連行は確実に崩壊の途にはいったのである。

中国人強制連行体制の動揺

既述のように、被連行中国人はきわめて苛酷な環境と条件のもとに拘束されていた。しかし中国人は、みずからを取り巻くこれらの環境と条件を甘んじて受け入れてきたわけではない。中国人の試みたさまざまな抵抗や蜂起がそのことを示している。

抵抗の一つは、逃亡である。石炭鉱業についてこの点をみると、一九四四(昭和十九)年三月以降四五(同二十)年七月までに石炭鉱業に連行された中国人は八八三六人、この間逃亡した中国人は一一六五人で、逃亡率は一三%である。月別の逃亡率では、一九四四年十月を画期に明らかな上昇を示している。すなわち、同年九月までの月別逃亡率は一%未満(〇・二〜〇・八%)であったのに対し、十月には一挙に三・一%に上昇し、その後も一%から二%の逃亡率を示している。戦争末期にはいって、中国人の逃亡は明らかに活発になった。以下、逃亡の具体的な二つの事例をごくかいつまんで紹介することにしよう。

一九四四年九月、日鉄《にってつ》鉱業二瀬《ふたせ》鉱業所で中国人の大量の逃亡が発生した。その原因や経緯は明らかではないが、鉱業所はこの大量の逃亡について、その捜索におびただしい人員と経費がかかったこと、生産の根幹をゆるがすほどの影響を鉱業所・警察・周辺住民にあたえたことを記している。また一九四五年春、日本鉱業日立《ひたち》鉱山で、重労働にたえかねた一部の中国人が集団で逃亡するという事件が起きた。これに対して、とび口で武装した警察・鉱山保安係・消防団・警防団▲が捜索隊として編成され、「反抗したら殺せ」との指示を受け、三日間にわたって捜索を続けた。山中を逃げ回った中国人は、飢えと疲れでつかまった。

以上、中国人の逃亡について述べたが、被連行朝鮮人の逃亡と比べてその逃亡率はずっと低いものの、逃亡者に対する捜索という点では、中国人の逃亡に対する捜索はたいへん大がかりなものであった。それは、敵国・中国人の逃亡は朝鮮人の逃亡とは異なり、「思想的色彩」が濃厚であると判断され、日本国内を攪乱する可能性があると、過剰に反応したためであった。そのことは、少し

▼警防団　一九三九(昭和十四)年一月に公布された警防団令により発足した地域の防空・消防団体。警察指揮下の地域消防組織である消防組と、軍部の指導によって結成された地域防空組織である防護団を統合する形で発足。実体は、警察署長の指揮によって行動する警察の補助組織であった。

飛躍するが、日中《にっちゅう》戦争が「大東亜《だいとうあ》共栄圏《きょうえいけん》」建設のための「植民地《しょくみんち》解放」戦争ではなく、思想の異なる中国に対する侵略戦争であったという事実を端的にものがたっている。

中国人によるもう一つの抵抗は、生産妨害やサボタージュ(怠業)である。たとえば、鹿島《かじま》組御嶽《おんたけ》出張所・日鉄鉱業鹿町《しかまち》鉱業所では、それぞれ一九四五年三月と五月に大規模な生産妨害事件(事業場の爆発未遂)が発生している。また貝《かい》島《じま》大《おお》之《の》浦《うら》炭鉱では、中国人の怠業が行われるなか、一九四五年六月、坑内の信号機をわざと故障させ、炭車の運搬を不能にさせるという生産妨害が起きている。さらに貝島大辻《おおつじ》炭鉱では、中国人の怠業が頻発するなか、硬炭《ぼた》(岩石や質の悪い石炭)をわざと炭車に積み込むという生産妨害が発生している(発生年月日は不詳)。

中国人のもっとも極限の抵抗形態は蜂起である。それを典型的に示すのは、花岡《はなおか》事件である。この事件は、花岡鉱山▲(秋田県県北)の下請作業を担っていた鹿島組花岡出張所の中国人九八六人が食糧を中心とした劣悪な生活環境と過酷な強制労働を強いられているなか、一中国人が鹿島組組員数人によって虐殺さ

▼花岡鉱山　一八八五(明治十八)年、地元の人びとによって発見された銅山。地元の人間によって操業が開始されたが、一九一五(大正四)年合名会社藤田組の経営に移り、小坂《こさか》鉱山(秋田県北に位置し藤田組が経営する銅山)の支山として稼行された。翌一九一六(大正五)年から四二(昭和十七)年にかけて八つの大鉱床がつぎつぎと発見され、花岡鉱山は大鉱山となった。そのため、花岡鉱山は一九四四(昭和十九)年、花岡鉱業所として小坂鉱山から独立することになった。

れたことを契機に、中国人全員が蜂起し逃亡した事件である。一九四五年六月三十日に発生し、七月六日までに鎮圧された。鎮圧のために動員された警察官・警防団・住民は、延べ二万一六九二人におよんだ。鹿島組花岡出張所で死亡した中国人は、四一八人(一九四四年七月から四六〈昭和二十一〉年一月まで)であるが、そのうち一〇〇人が四五年七月に死亡(拷問死)している。

以上述べたような中国人の抵抗と蜂起は中国人強制連行体制を動揺させたものの、その解体は「帝国」日本の敗戦(GHQ▲による解放)をまたなければならなかった。

戦時期の「労働力動員と強制連行」の体制は、以上述べてきたように、それぞれ様相を異にしながらも、ほぼ一九四四年十月から四五年三月ごろにかけて崩壊(破綻と動揺)の過程にはいったのである。

▼GHQ　連合国軍最高司令官総司令部の英語名の略称。一九四五年八月十三日、アメリカ政府は、敗戦後の日本を占領し管理する総司令部の設置を決定、アメリカ太平洋陸軍総司令官マッカーサー元帥を初代最高司令官に任命した。G1からG4までの参謀部と、民政局・経済科学局・民間情報教育局などからなり、最盛時には約六〇〇〇人のスタッフを擁した。

西村豁通・木村敏男監修『大阪社会労働運動史』戦後篇・第３巻，有斐閣，1987年

朴慶植『解放後在日朝鮮人運動史』三一書房，1989年

広島県朝鮮人被爆者協議会編『白いチョゴリの被爆者』労働旬報社，1979年

深川宗俊『鎮魂の海峡・消えた被爆朝鮮人徴用工二四六名』現代史出版会，1974年

●――写真所蔵・提供者一覧（敬称略，五十音順）

秋田県大館市　扉

財団法人吉田秀雄記念事業財団アド・ミュージアム東京　カバー表

陳焜旺　p. 73

独立行政法人国立公文書館　p. 56

日本近代史研究会　p. 5

一橋大学附属図書館　p. 32

北海道開拓記念館　p. 29, 47

毎日新聞社　p. 35下

読売新聞社　p. 65

Wikimedia Commons　カバー裏

R＝コーエン著・清水和久訳『労働力の国際的移動―奴隷化に抵抗する移民労働者―』明石書店, 1993年

③―中国人強制連行

石飛仁『中国人強制連行の記録―花岡暴動を中心に―』太平出版社, 1973年
石飛仁『中国人強制連行の記録―日本人は中国人に何をしたか―』三一書房, 1997年
井上茂子・木畑和子・芝健介・永岑三千輝・矢野久『1939―ドイツ第三帝国と第二次世界大戦―』同文館, 1989年
猪瀬建造『痛恨の山河―足尾銅山中国人強制連行の記録―』随想舎, 1974年
上羽修『中国人強制連行の軌跡―[聖戦]の墓標―』青木書店, 1993年
小林英夫『「大東亜共栄圏」の形成と崩壊』御茶の水書房, 1975年
宍戸寛ほか『中国八路軍, 新四軍史』河出書房新社, 1989年
杉原達『中国人強制連行』岩波新書, 2002年
戦争犠牲者を心に刻む南京集会編『中国人強制連行』東方出版, 1995年
中国人強制連行事件資料編纂委員会編『草の墓標―中国人強制連行の記録―』新日本出版社, 1964年
西成田豊『中国人強制連行』東京大学出版会, 2002年
野添憲治『聞き書き花岡事件』増補版, 御茶の水書房, 1992年
フィル＝ビリングスリー著・山田潤訳『匪賊―近代中国の辺境と中央―』筑摩書房, 1994年
劉智渠述・劉永鑫・陳蕚芳記『花岡事件―日本に俘虜となった中国人の手記―』岩波書店, 1995年

④―「動員と強制連行」の破綻

池本幸三『近代奴隷制の史的展開―チェサピーク湾ヴァジニア植民地を中心として―』ミネルヴァ書房, 1987年
池本幸三ほか『近代世界と奴隷制―大西洋システムの中で―』人文書院, 1995年
大沼保昭『単一民族の神話を超えて―在日韓国・朝鮮人と出入国管理体制―』東信堂, 1993年
鎌田定夫『被爆朝鮮・韓国人の証言』朝日新聞社, 1982年

桑原靖夫『国境を越える労働者』岩波書店, 1991年
小松裕・金英達・山脇啓造編『「韓国併合」前の在日朝鮮人』明石書店, 1994年
サスキア＝サッセン著・森田桐郎ほか訳『労働と資本の国際移動―世界都市と移民労働者―』岩波書店, 1992年
佐藤忍『国際労働力移動研究序説』信山社, 1994年
朝鮮人強制連行調査団編『朝鮮人強制連行強制労働の記録　北海道・千島・樺太篇』現代史出版会, 1974年
朝鮮人強制連行真相調査団編『強制連行された朝鮮人の証言』明石書店, 1990年
外村大『在日朝鮮人社会の歴史学的研究』緑蔭書房, 2004年
内藤正中『日本海地域の在日朝鮮人―在日朝鮮人の地域研究―』多賀出版, 1989年
西成田豊『在日朝鮮人の「世界」と「帝国」国家』東京大学出版会, 1997年
朴慶植『朝鮮人強制連行の記録』未来社, 1965年
林えいだい『強制連行・強制労働―筑豊朝鮮人坑夫の記録―』現代史出版会, 1981年
林えいだい『消された朝鮮人強制連行の記録―関釜連絡船と火床の抗夫たち―』明石書店, 1989年
林えいだい『清算されない昭和―朝鮮人強制連行の記録―』岩波書店, 1990年
筆宝康之『日本建設労働論―歴史・現実と外国人労働者―』御茶の水書房, 1992年
広島の強制連行を調査する会編『地下壕に埋もれた朝鮮人強制連行』明石書店, 1992年
兵庫朝鮮関係研究会編『地下工場と朝鮮人強制連行』明石書店, 1990年
松田利彦『戦前期の在日朝鮮人と参政権』明石書店, 1995年
百瀬宏・小倉充夫編『現代国家と移民労働者』有信堂, 1992年
森田桐郎編『国際労働力移動』東京大学出版会, 1987年
森田桐郎編著『国際労働移動と外国人労働者』同文館, 1994年
森廣正『現代資本主義と外国人労働者』大月書店, 1986年
山田昭次・古庄正・樋口雄一『朝鮮人戦時労働動員』岩波書店, 2005年
山本健児『国際労働力移動の空間―ドイツに定住する外国人労働者―』古今書院, 1995年

●—参考文献

①—労働力動員

大石嘉一郎編『日本帝国主義史３』東京大学出版会, 1994年

佐口和郎『日本における産業民主主義の前提』東京大学出版会, 1991年

佐藤千登勢『軍需産業と女性労働—第二次大戦下の日米比較—』彩流社, 2003年

西成田豊『近代日本労資関係史の研究』東京大学出版会, 1988年

西成田豊『近代日本労働史—労働力編成の論理と実証—』有斐閣, 2007年

藤野豊『強制された健康—日本ファシズム下の生命と身体—』吉川弘文館, 2000年

森武麿『アジア・太平洋戦争』集英社, 1993年

山之内靖・ヴィクター＝コシュマン・成田龍一『総力戦と現代化』柏書房, 1995年

吉田裕『アジア太平洋戦争』岩波新書, 2007年

労働省編『労働行政史』第１巻, 労働法令協会, 1961年

②—朝鮮人強制連行

石田真弓『故郷はるかに—常磐炭鉱の朝鮮人労働者との出合い—』アジア問題研究所, 1985年

岩村登志夫『在日朝鮮人と日本労働者階級』校倉書房, 1972年

内田すえの・此川純子・堀江節子『黒部・底方の声　黒三ダムと朝鮮人』桂書房, 1992年

小沢有作編『近代民衆の記録10　在日朝鮮人』新人物往来社, 1978年

梶田孝道・伊豫谷登志翁編『外国人労働者論』弘文堂, 1992年

金慶海ほか『鉱山と朝鮮人強制連行』明石書店, 1987年

金賛汀『証言・朝鮮人強制連行』新人物往来社, 1975年

金賛汀『雨の慟哭—在日朝鮮人土工の生活史—』田畑書店, 1979年

金賛汀『火の慟哭—在日朝鮮人坑夫の生活史—』田畑書店, 1980年

金賛汀『朝鮮人女工のうた—1930年・岸和田紡績争議—』岩波新書, 1982年

金賛汀『関釜連絡船—海峡を渡った朝鮮人—』朝日新聞社, 1988年

金賛汀・方鮮姫『風の慟哭—在日朝鮮人女工の生活と歴史—』田畑書店, 1977年

日本史リブレット99

労働《ろうどう》力《りょく》動員《どういん》と強制連行《きょうせいれんこう》

2009年8月25日　1版1刷　発行
2019年12月20日　1版3刷　発行

著者：西成田《にしなりた》 豊《ゆたか》

発行者：野澤伸平

発行所：株式会社 山川出版社
〒101－0047　東京都千代田区内神田1－13－13
電話 03(3293)8131(営業)
03(3293)8135(編集)
https://www.yamakawa.co.jp/
振替 00120-9-43993

印刷所：明和印刷株式会社

製本所：株式会社 ブロケード

装幀：菊地信義

Printed in Japan ISBN 978-4-634-54711-7

日本史リブレット　第Ⅰ期［68巻］・第Ⅱ期［33巻］　全101巻

1 旧石器時代の社会と文化
2 縄文の豊かさと限界
3 弥生の村
4 古墳とその時代
5 大王と地方豪族
6 藤原京の形成
7 古代都市平城京の世界
8 古代の地方官衙と社会
9 漢字文化の成り立ちと展開
10 平安京の暮らしと行政
11 蝦夷の地と古代国家
12 受領と地方社会
13 出雲国風土記と古代遺跡
14 東アジア世界と古代の日本
15 地下から出土した文字
16 古代・中世の女性と仏教
17 古代寺院の成立と展開
18 都市平泉の遺産
19 中世に国家はあったか
20 中世の家と性
21 武家の古都、鎌倉
22 中世の天皇観
23 環境歴史学とはなにか
24 武士と荘園支配
25 中世のみちと都市
26 戦国時代、村と町のかたち
27 破産者たちの中世
28 境界をまたぐ人びと
29 石造物が語る中世職能集団
30 中世の日記の世界
31 板碑と石塔の祈り
32 中世の神と仏
33 中世社会と現代
34 秀吉の朝鮮侵略
35 町屋と町並み
36 江戸幕府と朝廷
37 キリシタン禁制と民衆の宗教
38 慶安の触書は出されたか
39 近世村人のライフサイクル
40 都市大坂と非人
41 対馬からみた日朝関係
42 琉球の王権とグスク
43 琉球と日本・中国
44 描かれた近世都市
45 武家奉公人と労働社会
46 天文方と陰陽道
47 海の道、川の道
48 近世の三大改革
49 八州廻りと博徒
50 アイヌ民族の軌跡
51 錦絵を読む
52 草山の語る近世
53 21世紀の「江戸」
54 近代歌謡の軌跡
55 日本近代漫画の誕生
56 海を渡った日本人
57 近代日本とアイヌ社会
58 スポーツと政治
59 近代化の旗手、鉄道
60 情報化と国家・企業
61 民衆宗教と国家神道
62 日本社会保険の成立
63 歴史としての環境問題
64 近代日本の海外学術調査
65 戦争と知識人
66 現代日本と沖縄
67 新安保体制下の日米関係
68 戦後補償から考える日本とアジア
69 遺跡からみた古代の駅家
70 古代の日本と加耶
71 飛鳥の宮と寺
72 古代東国の石碑
73 律令制とはなにか
74 正倉院宝物の世界
75 日宋貿易と「硫黄の道」
76 荘園絵図が語る古代・中世
77 対馬と海峡の中世史
78 中世の書物と学問
79 史料としての猫絵
80 寺社と芸能の中世
81 一揆の世界と法
82 戦国時代の天皇
83 日本史のなかの戦国時代
84 兵と農の分離
85 江戸時代のお触れ
86 江戸時代の神社
87 大名屋敷と江戸遺跡
88 近世商人と市場
89 近世鉱山をささえた人びと
90 「資源繁殖の時代」と日本の漁業
91 江戸の浄瑠璃文化
92 江戸時代の老いと看取り
93 近世の淀川治水
94 日本民俗学の開拓者たち
95 軍用地と都市・民衆
96 感染症の近代史
97 陵墓と文化財の近代
98 徳富蘇峰と大日本言論報国会
99 労働力動員と強制連行
100 科学技術政策
101 占領・復興期の日米関係